幼儿园课程研究丛书
丛书主编 黄小莲

儿童的九十九种想象

幼儿园课程理论与实践

夏 琴◎著

浙江大学出版社
·杭州·

图书在版编目（CIP）数据

儿童的九十九种想象：幼儿园课程理论与实践 / 夏琴著. -- 杭州：浙江大学出版社，2024.5. -- ISBN 978-7-308-25176-1

Ⅰ．G612

中国国家版本馆CIP数据核字第2024PL3539号

儿童的九十九种想象：幼儿园课程理论与实践
夏 琴 著

责任编辑	曲 静
责任校对	朱梦琳
封面设计	周 灵
出版发行	浙江大学出版社
	（杭州天目山路148号 邮政编码：310007）
	（网址：http://www.zjupress.com）
排　　版	浙江大千时代文化传媒有限公司
印　　刷	杭州钱江彩色印务有限公司
开　　本	710mm×1000mm 1/16
印　　张	12
字　　数	154千
版 印 次	2024年5月第1版　2024年5月第1次印刷
书　　号	ISBN 978-7-308-25176-1
定　　价	68.00元

版权所有　侵权必究　印装差错　负责调换

浙江大学出版社市场运营中心联系方式：（0571）88925591；http://zjdxcbs.tmall.com

序

  3～6岁是儿童想象力最为活跃的时期。想象几乎贯穿幼儿的所有活动，对幼儿的认知、情绪、游戏以及学习活动，起着十分重要的作用，但想象之为何物以及如何发生，不同学科、不同学者有着不同的观点。在瑞吉欧教育方案中，儿童有一百种语言，一百种想象，一百种表征世界的方法，但是，教育偷走了九十九种……"九十九种想象"意指儿童的想象力丰富，主要针对瑞吉欧教育方案中被教育偷走的九十九种而言。儿童的九十九种想象是一种怎样的存在？用什么方法记录和表征儿童九十九种想象的表现与表达？如何通过富有想象力的教育活动来丰富而不是泯灭儿童的九十九种想象？对于这些问题，需要在理论和实践层面做出探究。

  在理论层面，想象是一种与生俱来的心理活动，想象力则是一种基于认知工具对表象进行加工、改造、重新生成新形象的灵活心智。关注并培养儿童的想象力，需要从认识论视角厘清儿童想象的起源、儿童想象的发展特点以及儿童想象发展的内部机制，进而探求儿童想象力的培养方法与策略。儿童想象的发生存在"先验想象"和"经验想象"两种认识："先验想象"认为想象具有先天的潜在普遍性，是从上一代继承下来的"天赋"；"经验想象"认为想象活动是需要感觉做支撑的，是知觉的直观表象综合。[①]

[①] 黄小莲，丁鑫. 论基于儿童想象发生的教育策略 [J]. 教育学报，2019（5）:20-26.

基于"先验想象"的观点，想象是一种内生的先天潜能。教育的任务就要由内而外，激发儿童的先天潜能，给予儿童想象的自由。如果儿童在需要想象时读不到童话，那这方面的精神生长大抵永久地停顿了。[①] 所以在想象发展的关键期，教育者需要做到以下几点。第一，讲大量富有想象力的童话故事作品给儿童听，满足其发展需求。每个阶段需要的东西如不及时给予，就像剥夺了他们的衣食和生长的权利，必将影响他们以后的发展，而且过了这个时期往往就很难再弥补了。第二，保证儿童想象游戏的时空。儿童会玩大量的想象游戏，儿童的特点就在于把无生命的物品拿到手里，和它们交谈，仿佛它们就是有生命的人。在大量想象游戏的过程中，伴随角色扮演，自己创作情节、制造故事，逐渐激活个体的感官想象能力，与世界亲近。作为教育工作者，既要保证儿童自由想象游戏的时间，又要提供材料和情境支持儿童开展想象游戏。

基于"经验想象"的认识，儿童的想象力跟感官经验的积累有关，表象经验越丰富，想象力也越丰富。由此出发，教育的任务就是不断丰富儿童的感官经验，有目的地训练儿童的想象力。第一，增长儿童的见识，丰富儿童的表象。教育者不要把儿童囚禁于教室一隅，要带领儿童走进大自然、大社会，调动儿童的视觉、触觉、听觉、味觉、嗅觉等多种感官去接触和感受现实，获得真实的体验，为想象提供经验的准备。第二，通过想象力课程设计训练儿童的想象力。"想象即类比——纵情挪移""想象即猜测——形象演绎""想象即移情——身心投入""想象即主观——自我中心"是想象的四大要义[②]，也是我们训练儿童想象的方法。教育者根据不同年龄段、不同性别、不同家庭教养方式、不同个体想象力的发展特点，有针对性地

---

① 周作人.周作人散文全集（第二卷）[M].桂林：广西师范大学出版社,2009:475-478.
② 刘绪源.美与幼童——从婴幼儿看审美发生[M].南京：江苏凤凰少年儿童出版社,2014:80-111.

确立想象力培养目标，设计课程以及日常游戏活动，有意识地进行想象力培养与训练，如：语言领域让儿童根据故事前面的情节进行续编，美术领域提供主题鼓励儿童创作想象画等。

在实践层面，夏琴园长所在的杭州市余杭区仓前中心幼儿园对"儿童九十九种想象"的研究，始于2016年的浙江省教育规划课题"九十九种想象：幼儿园园本课程主题群架构与运作研究"（2017SC042）。幼儿园的"九十九种想象"园本课程以激发"爱想、会想、乐想、妙想"的儿童想象力为目标，创设了丰富多元的物质环境、自由宽松的心理环境，架构了五大领域想象课程、区域游戏想象课程、地域文化想象课程，鼓励儿童通过"看一看、玩一玩、想一想、说一说、做一做、画一画、演一演……"的表现形式表征自己的想象，在实践中进行了基于儿童"九十九种想象"的课程建设。2018年，"九十九种想象"被评为浙江省第二届幼儿园精品课程；2019年，课题成果获杭州市教育科研优秀成果二等奖。

沿着前期的实践研究基础，幼儿园滚动式推进了对"儿童九十九种想象"的研究。2020年"表现与表达：儿童的九十九种想象表征研究"被立项为杭州市教育科研课题。2021年"九十九种想象：指向现代儿童想象力发展的幼儿园创新"获杭州市2021年教育科研优秀成果一等奖、浙江省2020年度教育科学研究成果一等奖。2022年"九十九种想象：儿童想象力培养的马赛克图景研究"（2022SC027）被立项为浙江省教育科学规划课题，同步跟进课题研究的教研课题"九十九种想象：儿童想象力培养路径深化研究""三维·三步·三式：儿童九十九种想象表现性评价的实践研究"也被立项为浙江省2022、2023年度教研重点课题。

持续七年的一系列科研课题研究成果，积累较为丰富，成书也是水到渠成的事。专著包含五章，从第一章儿童九十九种想象的提出，第二章想象发生的文化之维，到第三章想象力课程的设计，第四章想象力活动的展开，终极目标是第五章课程育人，通过想象力课程活动培育富有想象力和创造力的完整儿童。成书的过程，既是对前期研究成果的梳理和凝练，也是对实践行为的深刻反思。成书的初心和使命，就是推动儿童想象力研究，呵护和激发儿童的九十九种想象。

本人有幸带着研究生李晓旭、韩蕊、丁鑫、徐婷婷、李天元连续参与并见证夏琴园长带领的团队开展关于"儿童的九十九种想象"的实践研究。感谢一路上帮助幼儿园拓展想象力研究的各位专家的智慧！

是为序。

杭州师范大学经亨颐教育学院学前课程研究中心　黄小莲

2023 年 12 月 29 日

目 录

第一章 儿童的九十九种想象

第一节 发展想象力的意义..................4

第二节 现实困境与实践探索..................12

第三节 瑞吉欧课程的启示..................20

第四节 "一百"与"九十九"..................28

第二章 文化之维：想象在发生

第一节 地域文化的必然指向..................40

第二节 教育发展的现实需求..................48

第三节 集团化办学的新定位..................56

第四节 创办优质园的新路径..................64

第三章 想象力课程的设计

第一节 "完整儿童"的课程理念......76
第二节 从表象到表征的飞跃......84
第三节 三类表征方式概述......92
第四节 基于事件的想象力课程......100

第四章 想象力课程的活动

第一节 游戏体验引导乐想......112
第二节 文学表演促发爱想......120
第三节 艺术表达催生创想......128
第四节 创客制作助力妙想......136

第五章 从课程走向育人

第一节 情境创设：超越课堂......148
第二节 团队建设：超越师幼......157
第三节 观察记录：超越评价......165
第四节 育人创新：超越想象......173

后 记......181

第一章　儿童的九十九种想象

有人说，每个孩子都是天生的想象家。天马行空的涂鸦、随口荡荡的言说……无不展示着他们不受羁绊的思想与自由的心灵。所以，文学艺术的成熟实际上就是从成人回归儿童，用童心、童真去重新感悟与体验那些世俗生活。科学技术的突破也是"问题的提出与回答"这一逻辑的胜利，而你一定会发现，孩子总是世界上问题最多、最怪的那个物种。

知识的创新、传播与应用是教育的题中之义，培养创新型人才一定要从娃娃抓起。然而令人诧异的是，剥夺儿童想象力的罪魁祸首，不是别的，恰恰是教育，是学校教育中奉行的"成人中心""知识本位"等观念，是只知道灌输知识的部分教师，是只看重考试升学的部分家长……从这个意义上来说，解放和培养儿童的想象力已经到了刻不容缓的地步，否则，我们不仅会养成"垮掉的一代"，而且会在未来的大国比拼中败下阵来。

第一节 发展想象力的意义

随着近年来新一轮科学技术的升级，人工智能、5G、大数据等前沿技术正在不断地进入人类生活的各个方面，一个宏伟的"机器换人"时代正在徐徐展开。令人兴奋的是，机器将人类从那些恶劣、危险的工作环境中解放出来；而让人担忧的则是，人类会不会逐步被机器和人工智能取代，科幻影片中的"人机矛盾"会不会终有一天爆发，而让人类失去对这个世界的主动权？

这让我们想起了大科学家阿尔伯特·爱因斯坦（Albert Einstein）的一句名言，他说："逻辑会把你从 A 带到 B，而想象力能带你去任何地方。"[①]我们做很多事情，都离不开逻辑与想象力。从本质上说，机器和人工智能就是算法，就是逻辑。它们做事严格按照顺序，先做什么，后做什么，分得清清楚楚，忙而不乱。而人类比机器高明的地方就在于，他不仅有逻辑能力，而且有想象力。

现如今我们所拥有的诗歌、雕塑、音乐等文艺作品，都是想象力丰厚的馈赠。如果人类没有创造这些意象的能力，也就不可能发展科学、数学、逻辑推理，甚至连语言都不可能产生。所以，著名教育家约翰·杜威（John Dewey）曾不无感叹地说："当想象力剪断了它的翅膀或不敢使用它们的时

[①] 爱因斯坦. 爱因斯坦文集 [M]. 许良英，等译. 北京：商务印书馆，2009：409.

候,知识就步履维艰了,科学上的每一项重大进展都源自想象力的一次大胆新颖的发挥。"①

一、什么是想象力

"象"字最早见于甲骨文,本意就是指大象。战国时期,很多人从未见过活的大象,所以只能根据大象的骸骨或图片来推测它活着时的样子。《韩非子·解老》说:"人希见生象也,而得死象之骨,案其图以想其生也,故诸人之所以意想者,皆谓之象也。"② 以"死象之骨"而"想其生",才从"象"字逐渐引申出了"想象"的意思。

而《现代汉语词典》给"想象"下的定义是:①对于不在眼前的事物,想出它的具体形象;②心理学上指在知觉材料的基础上,经过新的配合而创造出新形象的心理过程。由此可见,想象是人们凭借记忆所提供的材料,突破时间和空间的束缚,也即"思接千载""神通万里",进行新的结合,从而产生新的认识的一个过程。如果说"想"就是思考的话,那么"象"对应的则是形象,是思考产生的图像或画面。

具体来说,这个转化过程包括下面几个步骤。

一是感知过程。任何想象都是以对现实事物的直接感受作为起点的。对客观事物的个别属性的认识是感觉,一旦有各种感觉的结合,就形成了对事物的知觉。知识经验越丰富,对物体的知觉越完善、越全面。

感觉和知觉是人类认识世界的初级形式,反映的是事物的外部特征和外部联系。如果想揭示事物的本质特征,还必须在此基础上进行更复杂的

---

① Dewey J. The collected works of John Dewey: The later works(1925—1953), volume 4: The quest for certainty(1929)[M]. Carbondale and Edwardsville: Southern Illinois University Press,1984: 247.
② 韩非.中华经典名著:韩非子[M].高华平,王齐州,张三夕,译注.北京:中华书局,2010:340.

心理活动，如记忆、想象、思维等。特别是文学艺术创作领域，任何瑰丽的想象都无法脱离对事物具体形象的感受。感知过程越强烈，想象也会越大胆和饱满。而且这种由外而内的刺激，往往都是相互影响和相互交融的。

二是表象过程。记忆表象来自对事物的知觉，它常常是综合多次知觉的结果，是同对象的多次印象的概括相联系的。我们经常感知到的树木、房屋等，留在脑海里的已不再是具体的某一棵树、某一间房。这种概括性只限于外部形象，可能会掺杂一些非本质性的认识，基本上属于感性认识阶段。

停留在脑海里的表象不是凝固不动的，它可以被分析、综合，也可以被放大、缩小、移植或翻转等。正因为表象具有可操作性，想象才有了可能。记忆表象是从感觉向更高级认识活动过渡的桥梁。可以说，没有表象就没有想象，积累大量的记忆表象是进行想象活动的一个重要前提。

三是综合过程。记忆表象要变成新的形象或认识，必须经历一个综合转化过程，如黏合、夸张、典型化、拟人化等。人们通过自觉或不自觉的方式，把客观事物的部分属性、特征等，以从未有过的方式结合在一起，从而创造出新的形象，也就完成了想象的过程。

美人鱼、猪八戒、飞马等童话、神话中的形象，就是将客观事物的某些特征分析出来，按照人们的要求进行重新配置想象出来的。米老鼠、唐老鸭、凯蒂猫、泰迪熊等也是如此。在谈创作经验时，鲁迅不止一次地说过，人物模特儿没有专门用过一个人，往往嘴在浙江，脸在北京，衣服在陕西，是一个拼凑起来的角色。[1]

从这个意义上说，想象力就是人类所拥有的这种可以去认识、记忆和形象再创造的能力，将原始或不同来源的经验重新复制或转化成新形态的一种灵活运用认知和情感的综合心理能力。在古希腊语中，想象力一词用

---

[1] 鲁迅. 南腔北调集 [M]. 北京：人民文学出版社，2000：84.

"plattein"来表示，意思是对事物或表征物进行临摹和仿真的生产和模式化的实践。英语里，经常将想象力（imagination）和幻想（fantasy）联系起来。而土耳其语里的想象力（hayal）则来自阿拉伯语单词"heyl"，后者是指一匹能驮着自己主人前行并且可以超越宇宙边界的马。

在维基语录（Wikiquote）里，想象力被定义为"形成心像的能力"（the faculty of imagination）。这是指没有通过视觉、听觉或其他感官感知到，而在脑海中形成心理图像（mental images）、感觉（sensations）和概念（concepts）的能力。通过想象的运作过程，我们可以把看到的、听到的、触摸到的事物联合为更明确的形式。

将想象力置于教育学的背景之下，基兰·伊根（Kieran Egan）和吉莉安·贾德森（Gillian Judson）作了如下定义：

> 想象力是一种思考事物的可能状态的能力；它是发明、新奇（novelty）和生产性（generativity）的源泉；它并不是一种与理性（rationality）截然不同，而是能极大地丰富理性思考的能力，它在成功地学习学术科目与在参与艺术活动中具有同等的重要性。[1]

二、想象力的内涵特征

正因为想象力，人们可以在脑海里构想出当时不在场或世界上还没有出现的事物。因此，对于想象力的具体内涵与分类，学者的说法也是五花八门。

从实用主义视角出发，有人将想象力分为幻想（fantasy）和实想（realistic imagination）。其中，幻想当然属于不讲逻辑和理性，也不指向任何行动，想象力变现的可能性非常低。而实想则反之，它是基于逻辑和理性而作出

---

[1] Egan K, Judson G. Imagination and the engaged learner: Cognitive tools for the classroom[M]. New York, NY: Teachers College Press, 2016:4.

的想象，具有可预见性和可实现性。从人的发展角度来看，由实想再诉诸行动验证的闭环有利于包括想象等在内的各种能力的提高，更具有建设性。

尽管幻想不容易变现、效率低下，但它也并非一无是处。现实中总有各种不完美，但在每个人可以控制的内心世界里，却可以得到完美的脑补。另外，幻想也是我们不能达成某种欲望时的替代品。尽管它不现实，但由幻想而产生的愉悦感却是真实的，它帮助人们隐秘地排遣了许多负性的心理情绪。因此，英国心理学家布莱特·卡尔（Brett Kahr）在《人类性幻想》一书中曾说过："每当有人开始幻想，就有点像在头脑中拍电影，自己是导演，自己写剧本，自己分配角色，也由自己决定谁作为电影的主角。"[1]

还有人按照运作机制，将想象分为再生性想象（reproductive imagination）与创造性想象（creative imagination）。前者是指从感觉、知觉、记忆表象中获取材料后，进行分离、重组、拼接、改造、变形等综合过程，所获得的新形象；而后者是指完全脱离原生材料，无中生有构想出来的形象。一个是有根有据的，一个则是天马行空的。当然，两者之间也没有截然的界限，有时可以相互影响或相互转化。

现实生活里，人们说的"你蛮有想法的"，可能是一种再生性想象；而"你有点妄想"，则属于创造性想象。一般来说，人们会比较排斥创造性想象，因为它往往超出了大多数人的认知范围，而容易认同再生性想象，因为它跨度不那么大，逻辑链也相对完整。不过，杰出的成就或作品多半是创造性想象的结果，那种小打小闹的想象完成不了根本性的突破与超越。

但无论我们怎么对想象力进行定义与分类，它都有以下一些特征。

第一，它是一种思考能力。想象是对原有信息或经验的再造，条分缕析的过程就是思考的过程，我们没有见过不经过思考的想象。当一个人愿

---

[1] 卡尔. 人类性幻想 [M]. 耿文秀，译. 上海：华东师范大学出版社，2011：126.

意拿出一部分宝贵的时间来重塑他对某件事或某个人的看法，不论这种想象是对还是错，单就行为而言，也是值得提倡和称赞的。过去，我们一直以为想象会伤害人的思考能力，恰恰相反，想象能起到润滑作用、跨越作用，有助于思考行为触及问题的本质。

第二，它是一种假设能力。在已有知识经验的基础上，主体作出的想象，还必须依靠假设能力。因为它要经过一系列的观察、分析、比较、归纳等逻辑推理，排除掉一些不可能的猜想后，才能得出新的认识或形象。可能是无意识的，但长时间的想象，会帮助个体在面对纷繁复杂的事物时作出下意识的抉择，那样的想象是假设能力的最大集成和最终输出，是假设能力的外在表现形式。

第三，它是一种预见能力。即使最大胆的想象也不是凭空产生的，它是主体面对特殊情境时所给出的一些问题解决方式或答案相关信息。俗话说，"日有所思，夜有所梦"。想象有时也被人们称为"白日梦"，反映的是主体对未来的某种期盼，与一个人的预见能力成正比。也就是说，预见能力越强，想象也就越具有合理性，对所探究的问题更有针对性和指导性。

总之，想象力能赋予经验以意义，也是一种变革和解放的力量。它是学习过程中一项不可或缺的关键性因素，体现了个体心智的灵活性，也是人类主动性、创造性和自由精神的集中展示。难怪爱因斯坦对此充满了溢美之词："我相信直觉和灵感。想象力比知识更重要。因为知识是有限的，而想象力则概括着世界上的一切，推动着进步，并且是进化的源泉。想象力，严格来说，是科学研究中的实在因素。"[1]

---

[1] Einstein, Bernard Shaw. Einstein on cosmic religion and other opinions and aphorisms[M]. NY: Dover Publications, Inc., 2009:97.

三、发展想象力的意义

在当下的文化语境里,"想象力"基本上是一个褒义词,我们都乐于被别人称为"富有想象力""奇思妙想""脑洞大开"等。教育领域也是如此,从专家到学者,从教师到家长,从媒体到社会,都在呼吁激发和培育儿童的想象力,似乎已经达成了某种超越职业、阶层和学界的普遍共识。

然而时光倒退,想象力却一度被视为"洪水猛兽"。《圣经》在叙述巴别塔(Tower of Babel)故事时,就明确指出通过语言交流可以增益人们的想象能力,促进相互合作。所以,上帝只能变乱人们的语言,使他们无法沟通,无法完成通天塔的建造。古代中国也有仓颉造字而惹恼鬼神的传说。这大概都是想象力惹的祸,因为语言和文字是打开文明的钥匙,能极大地激发人类的想象力。

这当然是基于蒙昧时代"民可使由之,不可使知之"(孔子语)的一种认识。但即便像伊曼努尔·康德(Immanuel Kant)这样给予想象力很高褒奖的哲学家也认为,想象力可能会走向极端或遵从"光环效应",容易导致人们对事物抱有不切实际的期望。[①] 尤其是幻想,不仅无益,而且会对人的心灵造成伤害。

直到进入现在的互联网时代,特别是人工智能达到了"万能"的成熟阶段,国际象棋世界冠军卡斯帕罗夫输给了超级计算机深蓝(Deep Blue),"中国围棋第一人"柯洁也在阿尔法狗(Alpha Go)面前败下阵来……人类才真正开始思索"你比机器强在哪儿"等问题。而想象力也许就是唯一的救命稻草。

---

① 康德. 实用人类学 [M]. 邓晓芒,译. 上海:上海人民出版社,2005:60-61.

可以预见的是，想象力与创造力的重要性将会逐步超过知识与信息，成为未来世界各国的核心竞争力。未来的时代将是"创意为王"的时代，我们正在步入一个"想象力时代"（imagination age）。美国经济学家托马斯·弗里德曼（Thomas L. Friedman）更是直言，世界互联的程度越高，变革越快，对创新的要求就越高，未来世界将不会简单地以发达国家和发展中国家来划分，而是分为 HIE（高想象力）和 LIE（低想象力）两种国家。[1]

这些年，世界各国都在思索如何以一种富有想象力的教育形式，来培养富有想象力的人，从而适应这个即将显现的富有想象力的时代。如：联合国教科文组织推动的"可持续发展教育"、欧盟提出的"教育与培训合作的战略性框架"、英国的"创新型伙伴关系计划"，还有美国麻省理工学院推出的"想象未来"课程、加拿大创设的"想象力教育研究中心"等。

以联合国教科文组织推动的"可持续发展教育"为例，虽然没有在想象力上过多置喙，但它所倡导的跨学科学习、社会学习、发现式学习、以系统为基础的思考性学习、批判式思维学习以及参与式学习等，无一不是要打破"只见树木，不见森林"的活动弊端，让想象力串联起整个世界，重新找回人类整体看待世界的方法。

至于那些专项的想象与创意课程或人才培养计划，更是从理念到实践上自觉做出回应，重新认识并利用想象力的教育价值及教育的想象力价值。这些探索的意义在于告诉所有人：人人都有想象力，而且想象力是一个由低到高、不断发展的过程。因此，想象力是可以借助课程或专项训练，被教育和培养的；在未来创新性人才培育中，想象力教育应该拥有一个独一无二的位置。

---

[1] 弗里德曼. 世界是平的 [M]. 赵绍棣，黄其祥，译. 北京：东方出版社，2006：186.

第二节 现实困境与实践探索

在很多人看来，想象力是神秘的，因为它看不见、摸不着，也很难言传与意会。虽然近年来科学的进步与发展已逐步把它不可知的面纱一一剥离，但从"知"到"行"，从"行"到"达"，仍有巨大的鸿沟。

理想是丰满的，现实却很骨感。这是因为在人的发展上，我们始终处理不好长与短、远与近的辩证关系，以至于总是出现南辕北辙、越努力越跑偏的现象。想象力教育亦是如此，那种"说起来重要、做起来次要、忙起来不要"的现象依然屡见不鲜。

因此，需要从国家层面，以强大的行政资源为保障，来推动想象力教育进学校、进课程、进教室。否则，它很有可能被束之高阁或沦为纸上空谈。在幼儿教育领域，《3～6岁幼儿学习与发展指南》（以下简称《指南》）和《幼儿园教育指导纲要》（以下简称《纲要》）就起到了很好的引领作用。

一、困境：应然与实然的冲突

谁都承认，儿童是人的一生中想象力最为活跃的阶段。老师画一个圆圈，问一些3岁左右的小朋友："这看上去像什么？"他们七嘴八舌，会说出各种各样的答案：鸡蛋、苹果、西瓜、皮球、太阳、脑袋等，想象力要多丰富就有多丰富。反观成人，他们可能会揣测老师的真实意图和活动语境，给出一个审慎的答案。

说儿童的想象力最丰富，并不是说他们的思维比成人开阔，想的内容比成人多，而是他们的想象不受各种拘束，有什么说什么，想说什么说什么，不受拘束地把想象的内容表达出来，直接再现他们经验中的所见所闻。而他们在接受教育的过程中，往往被强加各种所谓的正确答案和固定标准，回答正确会受到表扬，而错了就要挨批评，因此受到了约束，想象力也越来越放不开。

在应然的状态下，想象力和教育之间不存在任何冲突，教育必须将想象力培养视为一个重要的教育目标。学校是传授知识的地方，但应该是富有想象力地传授知识，而且校园里充满活力的气氛也来自富有想象力的思考和知识的改造。如果做不到这一点，它就没有理由存在下去。

但在实然的状态下，学校教育会施加某种既定的思维模式或价值体系，它会对儿童的心智造成一定程度的压迫和限制。我们经常看到的一种现象就是：随着年级的增长，儿童对学习逐渐失去了热情，灵活的思维和活泼的精神也渐渐消退。

虽然个中原因极其复杂，但与长期以来学校教育的定位不无关系。很长一段时间里，知识被认为是学生的唯一规范和本质，学生是由一点一点的知识组成的，唯一能填满他们内心的就是那些"知识"。如果学生不具备可识别的知识，便不具备学生的资格，教育的任务就是要实现学生的"知识人化"。[①] 虽然习得了一些知识，但代价是忽略甚至打压了学生这一具有态度、情感、价值观和充满想象力的个体。

而随着教育功利主义的盛行，社会和家庭、父母与孩子之间的冲突越来越尖锐。国家和社会普遍希望孩子能自由自在、不拘一格地成长，成长为"最好的自己"，而大多数家庭则希望孩子能在与他人的比较中脱颖而

---

① 鲁洁. 一个值得反思的教育信条：塑造知识 [J]. 教育研究，2004（6）：3-7.

出,成为"胜出的那个"。于是,各种高压的、目的性极强的活动充斥其中,学生们有写不完的作业,有上不完的补习班。

他们既没有空闲的时间,也没有富余的精力在精神世界里自由地徜徉,去开发自己的想象力。一边是社会对想象力的高需求,另一边是学校对想象力的忽视与打压,两者的冲突已然成为想象力教育面临的最大现实困境。

与此同时,当今社会已快速迈入"读图时代"。图像能将所有的事物可视化,以此来消弭个人与公共之间的界限,而视觉艺术的普及也导致了人的想象力日渐衰退。语言文字作为一种象征符号,可借助想象随意地联结或结合,因此能还原或转化为丰富多彩的生活图景。可以说,正是基于想象力,作品的意义才得以生成,价值才得以体现。

而图像的泛滥使这些事物都失去了物质实在性,逼真形象、直观浅白的特性剥夺了读者主动参与的积极性,他们只能扮演一个被动接受的角色。尤其是以电子媒介为代表的图像世界,它们诉诸人的感性欲望,平面化、表面化、零距离、消解深度的文化消费模式不仅极大地削弱了人的理性思考能力,也无情地抹杀了人类的想象力和创造力。

有学者不无戏谑地称,现在的孩子都是屏幕环境下长大的"屏幕少年",是"电视保姆"照顾下成长起来的一代。[1]面对这样的受众,想象力教育要努力摆脱儿童与图像之间的"物役"关系,可谓"道阻且长"。不受学生的待见是可以想见的,而要走进他们的心里,更要费一番思量。

二、探索:宜早不宜迟的行动

正因为想象力教育面临这样那样的现实困境,所以它的推进必然有着高昂的成本,很多家庭或个体因此望而却步。但对于政府和社会而言,想

---

[1] Roob M. Screenagers: Growing up in the digital age[J]. Journal of Children and Media, 2017,11(3):376-379.

象力教育与创新性人才培养有着千丝万缕的联系，早一点开展想象力教育，也就意味着可以在创新性人才培养上先拔头筹，在未来的国际竞争中领先一步。所以，这是一项宜早不宜迟的工程，具有很强的现实紧迫性。

2002年，托尼·布莱尔（Anthony Charles Lynton Blair）连任首相后，英国工党政府推出了创新型伙伴关系计划，意在促进年轻人的创造力，激发他们成功的愿望，为他们的未来创造更多的机会。该计划提出了以下七大目标：（1）使课程内容更加广泛和丰富，以激发学生的想象力和学习兴趣；（2）提高整个课程的成绩标准，包括识字和其他基本技能的标准；（3）打破课程界限，促进活动方式和手段的创新；（4）改进教师的聘用办法；（5）营造独特的学校风气，提高学校在社区中的地位；（6）增强学生的自信心，改进其学习态度；（7）使年轻人具备创意经济中所需要的技能。

这一计划的最大特点就在于由政府牵头，推动学校和创造力教育组织、创意领域专业人士之间的自由合作，为各方搭建支持艺术教育、创造性学习的奖项和平台。计划的突破口是从艺术教育开始的。由于计划的规模和提供的资源空前，因而吸引了大批的艺术家参与，包括视觉艺术家、雕塑家、舞蹈家、演员等。

有评论指出，从课程改革的角度来看，创新型伙伴关系计划就是国家课程从"规定性"向"灵活性"的一种妥协。[1]学校教育对想象力的扼杀，很大程度上就是规定太多，学习环境的同质化现象太严重。而创新型伙伴关系计划将各种异质元素引入教育领域，在丰富教育主体、充实教育内容的同时，使学校获得更多的教育自由，从而激发师幼的想象力与创造力。

中国台湾2011年开始推动"未来想象与创意人才培育"的实践型计划。其中的造舰、启航、领航与续航计划，分别针对高中职、大学院校和终身教育，

---

[1] 王琳."规定性"与"灵活性"的较量[D].长春：东北师范大学，2012.

并将未来思考、想象力、创造力等三大核心能力融入课程与活动,通过建构合适的校园环境、经营校内社群与社区团体,全面倡导未来想象教育。

台湾东华大学的"浪花——流浪花莲的 13 种可能"方案,从日常生活微观层面入手,让学生深入校园社区,面向未来发挥想象,用创意改变生活,同时也改变自我。东华大学地处花莲,学校设计了"流浪花莲的 13 种可能"方案,帮助学生像蒲公英一样随风"流浪"到花莲的 13 个乡镇。每到一个乡镇,学生都会听当地人说花莲的故事,深入社区散步、写字、拍照,并把看到的、听到的富有创意地表达出来。

在此基础上,学校还资助创设了若干工作坊,有设计、摄影、音乐等,不仅通过影展、征文等活动加强队员之间的互动,而且还为地方产业开展行销包装。有学者认为,这是双向受惠的过程——通过深入生活和实际走访,学生的意志品格得到了锻炼,创意能力得以施展;地方社区则从中获取的是对自身"人、文、地、产、景"的重新审视和社区未来发展蓝图。[1]

这些年,我们也一直在推动想象力教育落地,从理念变为具体的政策与行动。《国家中长期教育改革和发展规划纲要(2010—2020 年)》就提出,要"着力提高学生的学习能力、实践能力、创新能力""激发学生的好奇心,培养学生的兴趣爱好,营造独立思考、自由探索、勇于创新的良好环境"等。虽然这些纲领性的文字并未提到想象力教育,但没有人怀疑它的抓手作用、引领作用和推动作用。也正因如此,想象力教育才渐渐地从舞台边缘走到聚光灯下。

---

[1] 王桂亭. 新世纪以来台湾创造力教育政策与实践 [J]. 扬州大学学报(高教研究版),2016(2):13.

三、指导：《指南》与《纲要》解读

对于保持和发展儿童想象力，我国主要通过颁布纲领性教育文件——《指南》和《纲要》，来阐述和指导幼儿园开展相关教育活动。与以往不同的是，《指南》和《纲要》不再提具体教什么，而是原则性地阐述，目标指向儿童的兴趣、态度、价值观。这样既明确了教育活动的方向，又允许幼儿园教师充分发挥自身的特点与主观能动性，因地制宜地开展各种活动。

《指南》和《纲要》从健康、语言、社会、科学、艺术等五个领域来描述幼儿的学习与发展，毫无疑问，它把丰富幼儿的想象力和创造力摆到了一个非常突出的位置。《指南》开宗明义地指出，"要充分尊重和保护幼儿的好奇心和学习兴趣，帮助幼儿逐步养成积极主动、认真专注、不怕困难、敢于探究和尝试、乐于想象和创造等良好学习品质"。

保持和发展儿童想象力，主要体现在幼儿的科学学习和艺术学习这两个方面。《指南》明确提出，"幼儿在对自然事物的探究和运用数学解决实际生活问题的过程中，不仅获得丰富的感性经验，充分发展形象思维，而且初步尝试归类、排序、判断、推理，逐步发展逻辑思维能力，为其它领域的深入学习奠定基础"。

《纲要》也强调，幼儿科学学习的指导要点重在激发幼儿的认识兴趣和探究欲望，要尽量创造条件让幼儿实际参加探究活动，使他们感受科学探究的过程和方法，体验发现的乐趣。一言以蔽之，无论幼儿园教师还是家长，都要善于发现和保护幼儿的好奇心，充分利用自然和实际生活机会，引导孩子通过观察、比较、操作、实验等方法，发展想象力和不断积累经验，形成发现问题、分析问题和解决问题的态度和能力。

对于幼儿的艺术学习，《指南》则认为，"每个幼儿心里都有一颗美的种子。幼儿艺术领域学习的关键在于充分创造条件和机会，在大自然和社会文化生活中萌发幼儿对美的感受和体验，丰富其想象力和创造力，引导幼儿学会用心灵去感受和发现美，用自己的方式去表现和创造美"。

在幼儿艺术学习的指导上，《纲要》强调要提供自由表现的机会，鼓励幼儿用不同艺术形式大胆地表达自己的情感、理解和想象，尊重每个幼儿的想法和创造，肯定和接纳他们独特的审美感受和表现方式，分享他们创造的快乐。《指南》则提醒，幼儿独特的笔触、动作和语言往往蕴含着丰富的想象和情感，成人应对幼儿的艺术表现给予充分的理解和尊重，不能用自己的审美标准去评判幼儿，更不能为追求结果的"完美"而对幼儿进行千篇一律的训练，以免扼杀其想象与创造的萌芽。

幼儿的学习方式对于保持和发展想象力也有重要影响。关于这方面,《指南》就提出，应该注重引导幼儿直接感知、亲身体验和实际操作。很显然，这是在总结幼儿形象思维特点的基础上而作出的结论，目的是发展儿童的想象力。

从幼儿心理发展的规律来看，他们主要通过感知、依靠表象来认识世界。感知是幼儿依靠感觉器官来获得的直接经验，表象是客观事物留在头脑中的形象。其中，感知是表象产生的前提，只有在感知基础上才能形成表象。借助对科学材料的直接感知，幼儿逐步过渡到了表象水平。孩子头脑中的表象越多，思维就越活跃，想象力和创造性就越好。

直接感知有主动和被动之分，所以幼儿在学习时还需要亲身体验。若没有亲身体验，他们就难以获得科学探索的乐趣，也就无法支持想象力的可持续发展。当然，在操作体验之后获得的知识才是儿童能够真正理解和掌握的。这不但符合幼儿好奇、好动、好问的天性，而且在操作探究的基础上，他们会产生对事物的本质理解及相应的情感上的反应（体验）。

可以毫不夸张地说，正是因为有了《指南》和《纲要》，学前教育"小学化现象"才得以根本性地扭转,越来越多的教师和家长开始认同要保护孩子的好奇心和想象力,避免剥夺他们自主学习的机会,从而影响其主动性、独立性的发展。

第三节　瑞吉欧课程的启示

准确地说,瑞吉欧课程叫"瑞吉欧·艾米里亚教育体系"(Reggio Emilia Approach),它是近年来风靡全球的一种学前教育思潮。

瑞吉欧教育者认为,儿童是主动的有能力的学习者,是自己发展的主人。所以,在幼儿活动中,应该以幼儿为中心,让幼儿主动地进行思考;在活动方式上,幼儿不应该被动地接受知识,而应在自己思索的基础之上,通过与同伴之间的交流,主动地构建自己的知识体系。

在瑞吉欧的课程中,没有固定的教材,也没有提前编制的课程,绝大部分的课程都来自生活。其主要特点是课程目标、方向、主题、内容与时间等,都不作硬性规定。教师根据课堂活动的实际变化而变化,鼓励孩子进行自我探索,发现问题并找到问题的解决办法。瑞吉欧课程的核心就是突出幼儿思维的创造性、表达的创造性。

所以,在参观瑞吉欧地区之后,美国教育心理学家杰罗姆·布鲁纳(Jerome Seymour Bruner)直言:"最打动我的地方是他们如何培养孩子的想象力,同时在这一过程中他们如何强化孩子对'可能性'的认识和知觉。"[1]

---

[1]　王春华.瑞吉欧幼教模式述评[J].比较教育研究,2001(10):54–57.

一、"儿童中心论"的回归

意大利曾经孕育了著名的文艺复兴,达芬奇、拉斐尔、米开朗基罗均来自这片土地,这里不乏伟大的艺术家、建筑师。意大利也以美食和足球闻名于世,意大利面、通心粉、比萨等让人食指大动。"二战"之后,在意大利东北部平原,一座安宁的城市如一颗耀眼的新星冉冉升起,那就是全世界学前教育工作者都趋之若鹜的瑞吉欧(Reggio)。

自20世纪60年代以来,以洛利斯·马拉古齐(Loris Malaguzzi)为代表的幼教工作者兴办并发展了该地的学前教育。数十年的艰苦创业,使意大利在继举世闻名的玛丽亚·蒙台梭利(Maria Montessori)之后,又形成了一套"独特与革新的哲学和课程假设,学校组织方法以及环境设计的原则"。人们称这个综合体为"瑞吉欧·艾米里亚教育体系"。

瑞吉欧也是马拉古齐的出生地。1939年,他进入乌尔比诺大学(University of Urbino)学习,并顺利拿到教育学学士学位。由于有过"二战"的惨痛教训,马拉古齐决定要通过教育改变人们的生活,为社区的儿童和家庭创造一些美好的未来,给孩子一个快乐的童年,减少政治波动对儿童心灵造成的伤害。所以,在开办幼儿园和婴幼儿中心时,他将自己在喜剧、新闻、体育和政治等方面的经验和兴趣都结合到教育工作中去。

在瑞吉欧·艾米里亚教育体系中,一个最基本的信念就是儿童有权利获取知识,并通过知识的获取来提高自己、获得成功,成年人决不能剥夺孩子们的这种权利。儿童天生就是有思想、充满力量、有创造性、有好奇心和探索欲、充满了正能量的,成人应给予儿童充分的尊重。把儿童从成人的附庸地位中解放出来,给予他们不受干扰的发展自由,是瑞吉欧教育的一大功绩。

从某种意义上来说,马拉古齐是个过渡性人物,他在玛丽亚·蒙台利（Maria Montessori）和鲁道夫·施泰纳（Rudolf Steiner）之间起着承上启下的作用。蒙台梭利致力于培养孩子的专注力、独立性、秩序感，而施泰纳则是华德福教育之父，他给学前教育制定的目标是注重健康的身体、敏感的情绪、社会活动能力、丰富的想象和智力的发展，帮助幼儿寻找有意义的抱负和理想。

值得注意的是，他们或多或少都受过杜威的影响。杜威曾旗帜鲜明地反对一些教育学者总想把儿童期缩短，将成人的知识经验硬装进去，不允许儿童遵循自己的本性法则，结果造成阻力和浪费。正是在他的影响下，学前教育改革思潮逐渐从"教师中心论"转向"儿童中心论"。这条路线上起夸美纽斯、卢梭、裴斯泰洛齐、福禄贝尔，核心是杜威，下到蒙台梭利、苏霍姆林斯基、马拉古齐等人。他们真正地把儿童放在了一个与成人平起平坐的位置，强调尊重儿童，以儿童为教育中心。

正如马拉古齐的接班人——卡利娜·里纳尔迪（Carlina Rinaldi）所言："儿童是有能力的、坚强的，是有权利去憧憬和有权利被重视的，而不是被预先定义为脆弱、贫乏和没有能力的。我们应该用另一种眼光来看待儿童，把儿童看作和我们一起探究的主体，因为他们也在理解生活和生命的意义。"[①]

把儿童当成独立的个体，是自己发展的主人，那就意味着在成长过程中，他们始终应该遵循自己的发展轨迹与思考方式，教师和父母不该过多地干预。所以，瑞吉欧教育把教师定位为观察者、倾听者和记录者，是儿童活动的伙伴、参与者和指导者。很显然，这与约翰·弗里德里希·赫尔巴特（Johann Friedrich Herbart）等人倡导的教师中心地位相去甚远。

在课程活动上，瑞吉欧教育也反对以教材或课堂为中心，主张教法与教

[①] 零点方案, 等著. 让儿童的学习看得见: 个体学习与集体学习中的儿童[M]. 朱家雄, 等译. 上海: 华东师范大学出版社, 2007: 79.

材的统一，强调目的与活动的统一，要求在问题中学习，课程必须与儿童的生活相沟通。一句话，必须以儿童为出发点、为落脚点，为中心、为目的。由于整个课程模式是基于儿童的生活经验和兴趣，重在丰富儿童的想象，激发他们的潜能，因此体现了人本主义所倡导的热爱和尊重儿童的精神。

二、开放性的课程架构

正因为瑞吉欧教育强调必须以儿童为中心，所以在课堂活动上，它没有固定的教材，也没有提前编制的课程，绝大部分课程都来自生活。有的是根据幼儿的兴趣经验提出的，有的来自家长的建议，有的则是教师和儿童共同协商的结果。例如，老师会提出让小朋友准备一个活动，然后就由孩子们共同商量准备何种活动。

活动主题的不确定性是因为教师不是幼儿，无法准确地预判他们的兴趣点。所以，主题经常会发生游移，而唯一能确定的就是它必须根据幼儿的需求和兴趣来调整。否则，过高或过低的目标都可能导致幼儿学习兴趣的降低。马拉古齐曾这样解释该活动法所依托的原则："我们的目标就是帮助孩子们寻找和发现在他们世界中可能还隐藏的事物。此外，我们还希望孩子们天生的潜力，如对事物的好奇心、对未知世界的探索等不会被埋没。"[1]

当地的幼教工作者经常用"progettazione"一词来表达瑞吉欧课程活动的基本理念。虽然不同的学者用了不同的术语来加以阐述，但它的意思不外乎"灵活的规划"或者"不预设终点的计划"。顾名思义，它不是一成不变的，而是随时可以调整的；不是闭环的，而是开放性的；不是一眼可以望到底的，而是不断生成、不断变化的。

---

[1] 曹能秀.学前教育比教学[M].上海：华东师范大学出版社，2009：132.

因此，在谈到瑞吉欧课程时，里纳尔迪直言不讳地指出："课程既是明确的，又是不明确的，既是有结构、有组织的，又是开放的，课程更多的是基于灵活的策划，而不是死板的计划。"[1]

在我国，一般将这个词翻译成"方案活动"或"设计活动"，它的发明者是美国进步主义教育家威廉·赫德·克伯屈（William Heard Kilpatrick）。作为杜威的学生，克伯屈强调课程目标、方向、主题、内容、时间等都不能作任何硬性的规定，教师要根据实际课堂内容的变化而变化，充分发挥引导者和记录者的角色，协助孩子制定和执行学习目标，鼓励孩子进行自我探索并发现和解决问题。

很显然，瑞吉欧课程传承了克伯屈的教育理念，它的方案活动或者方案教学成为瑞吉欧教育中最有特色的一部分。瑞吉欧地区的幼儿园和婴幼儿中心均没有任何预先设置的课程表，也不规定每个年龄段幼儿所需要学习的具体内容。所有的活动都是以幼儿不断提出的问题为基础，然后在教师的指导下完成。

乍一看，瑞吉欧的课程活动似乎有点杂乱无章，与我们比较重视的活动秩序等相去甚远。其实，它也是有章可循的，无非活动目标、活动计划、活动内容等弹性大了一点而已。在课程实施初期，教师一般会根据学生的年龄特点和活动总体目标，设置一个基本的框架。在此基础上，再根据幼儿的表现情况来引导活动开展。

因为课堂是由学生主导的，教师无法随意把控，所以活动可能不是直线式的行进，而是一个螺旋式的上升。教师必须根据每一次活动方案的内容，给幼儿尽可能多的时间去消化和吸收。不同的方案持续的时间也不尽相同，

---

[1] 张虹，任丽欣，徐利智. 瑞吉欧·艾米利亚幼儿教育体系的历史审视和现实发展——美国内布拉斯加大学教育和人类科学学院及心理学系卡洛琳·波普·爱德华兹教授访谈录 [J]. 幼儿教育，2016（18）：3-12.

短则两三周,长则几个月,甚至一年半载的方案活动也存在。

马拉古齐把这种活动法称为"与幼儿共事"。他说:"我们是真的没有计划或课程,但是若说我们只依赖哪种令人羡慕的技巧,像临时起意的课程,那也是不正确的。我们知道的是,与幼儿共事,是三分之一确定,以及三分之二的不确定和新事物。"①

一个"共事"道出了师幼关系的新变化,那就是不承认教师的知识权威和主导作用,彼此间相互配合。而确定与不确定的辩证关系则充分揭示了瑞吉欧课程重视激发和培养孩子的想象力、潜能和创造力的本质特点。所有的变与不变都是为了使课堂活动朝着有利于幼儿发展的方向前进。

三、想象力的"放大器"

为什么3~5岁是一个最有魅力的年龄,因为那个年纪的孩子没有禁忌,没有压抑,没有恨意,会毫无保留地向世界敞开自己,他们处于想象力的巅峰。而任何外部力量的压制或规训都有可能迫使他们放弃这种权利,离开瑰丽的想象世界,而不得不进入所谓的"意义世界"。这一进一退失去的不仅仅是一根树枝、一片树叶、一枚鹅卵石……而是对世界美好的想象与憧憬。

所以,把瑞吉欧教育比作儿童想象力的"放大器"一点都不为过。它对教师职能的限制,就是为了解放强加在孩子身上的各种束缚;它对教材和教法的放逐,也是为了让孩子自己能建构起学习的范式;而它对活动环境的重视,更是为了给孩子提供一个可以交流、碰撞灵感的场所,便于幼儿在与周围人以及环境的相互作用中找到自我。

在瑞吉欧地区的幼教工作者看来,每个孩子都是天生的艺术家。实际上,

---

① 达尔伯格,等.超越早期教育保育质量——后现代视角[M].朱家雄等,译.上海:华东师范大学出版社,2006:159-175.

工作坊（atelier）也成了瑞吉欧教育理念的缩影和外显标志。在工作坊里，孩子们可以进行各种创造性学习，能够自由发挥，手脑并用，并体验到发自内心的创造的快乐。工作坊最大的特点就是氛围比较宽松，又积极向上。在那里，孩子可以自由想象，大胆提问。

有人说，这不就是幼儿园的美工区吗？有点像却又有很大不同。因为工作坊配有专业的美术教师（atelierista），他们负责幼儿的各项活动，并提供帮助和指导。这些教师有一定的艺术修养，同时他们也对儿童非常理解，并深谙儿童艺术发展的规律。另外，工作坊里还有着丰富到不可思议的专业画材、创造性材料以及绝对充足的空间。

教育实质上是增加幼儿经验、促进其社会化的过程。而在杜威看来，审美经验是富于想象的（imaginative），或者说，审美经验由想象性特质（imaginative quality）主宰。他直言，"艺术既代表了自然的事件的最高峰，也代表了经验的顶点"[①]。换句话说，只有让幼儿遨游在艺术的海洋里，才能不断地积累审美经验，从而促进想象力的飞跃。

与此同时，瑞吉欧幼儿园的建筑物中心都有一个广场（piazza）。这块区域是用透明的玻璃墙壁连接室内外，每个教室的门都面向广场，以增加各班幼儿间的互动机会。在这个空间里，园方为家长和孩子们设置了游戏设施。各个年龄段的孩子们自由地交流，结交陌生的朋友，碰撞不同的灵感，与其他孩子合作。所以，它是信息聚会和交流的空间，每天都发生着全新的事情。

如果把广场仅仅视为一个公共场合，那就太小看瑞吉欧了。工作坊会延伸到每个教室，那里有类似功能的小型区域，叫"艺术活动区域"（mini-atelier）。每个瑞吉欧的教室都有类似广场的地方，它们有大有小，适合不

---

① Dewey J. The collected works of John Dewey: The later works（1925—1953），volume 1: Experience and nature（1925）[M]. Carbondale: Southern Illinois University Press,1981:8.

同的小组开展活动。在这里，孩子们可以一起表达、探索和反思，甚至还有适合个人秘密的空间。由此可见，广场给孩子们提供了充分交流沟通的平台，是典型的环境与活动相互融合、相互生成的载体，具有极高的教育价值。

我们知道，想象力必须以过去的经验为基础，它是从知觉和记忆中生长出来的，其目的是丰富和发展未来。而瑞吉欧教育非常强调幼儿之间的对话与交流，较少地强调个人主义，把与他人的共同分享放在了首位。在广场这样的公共空间里，孩子们不仅有规则、秩序等公共意识，更主要的是可以说出自己的想法并付诸行动，这有利于想象力的激发和培养。

正如杜威所说，"对于一个小孩子来讲，物体就是他可以用来做某事的东西……帽子就是某种可以用来戴的东西，所以当这个孩子看到这顶帽子的时候，他就会把它戴上。门把手就是某种可以用来转的东西，因此如果他能抓到门把手的话，他就会转动它"[①]。但是如果一个儿童产生了如此多的心像或思想，而无法将它们付诸行动，他就会卡住（get stuck）。这种情形会让他产生无力感（powerless），并最终损害他的想象力。

[①] Dewey J. Educational lectures before Brigham Young Academy[M]// Dewey J. The collected works of John Dewey : The later works （1925—1953）, volume 17:1885—1953. Carbondale and Edwardsville: Southern Illinois University Press, 1990:261.

第四节 "一百"与"九十九"

瑞吉欧的活动法是建立在瑞士心理学家让·皮亚杰（Jean Piaget）的理论之上的，但他又超越了皮亚杰的建构主义，认为知识的建构是相互联系的，是建立在同龄人或者成年人之间的相互联系之上，并非孤立存在。

基于这一认识，马拉古齐认为教育首先要承认孩子似乎有通感的能力，他们可以"看到"温度，"触摸"光线，"品尝"气味……这些感觉构成了幼儿时期庞大的知识体系。他们通过看、触、听、尝、闻、游戏等来建构知识。而好的幼儿园必须承认这样的"一百"，成为一个第三方接口，来连接孩子和世界上其他生物和物品，切勿去压抑孩子。

在此基础上，我们提出儿童有九十九种想象。从"语言"到"想象"，从"一百"到"九十九"，这是对瑞吉欧教育核心理念的继承与发展，也是我们对发展新时期中国学前教育的一种主张。

一、从诗歌到展览

瑞吉欧教育的灵魂人物是马拉古齐，而马拉古齐教育思想的灵魂则是那首不长的诗歌——《其实有一百》：

孩子是由一百组成的，孩子有一百种语言，一百双手，一百个念头，一百种思考方式、游戏方式及说话方式；还有一百种聆听的方式，惊讶和爱慕的方式；一百种欢乐，去歌唱，去理解。一百个世界，去探索，去发现。一百个世界，去发明。一百个世界，去梦想。孩子有一百种语言，一百一百再一百。

但被偷去九十九种。学校与文明，使他的身心分离。他们告诉孩子：不需用手思考，不需用头脑行事，只需听，不必说，不必带着快乐来理解。爱和惊喜，只属于复活节和圣诞节。他们催促孩子去发现已存在的世界，在孩子一百个世界中，他们偷去了九十九个，他们告诉孩子：游戏与工作、现实与幻想、科学与想象、天空与大地、理智与梦想，这些事都是水火不容的。总之，他们告诉孩子：没有一百存在。

然而，孩子则说：不，其实真的有一百！[①]

在这里，"一百种语言"无疑是一个隐喻，它是指儿童有自己特殊的、各种各样表达自我与他人、自我与环境建立关系的方式。而这些"语言"包括了表达语言、沟通语言、符合语言、认知语言、道德语言、象征语言、逻辑语言、想象语言和关系语言等。通过这些表达方式，儿童"说"出了自己的感受、想法、观点、计划和预见，并与他人进行讨论、争辩、协商以及开展对话等。

在这首诗中，我们可以体会到马拉古齐把儿童视为一个自己能认识、思考、发现、发明、幻想和表达世界的栩栩如生的孩子；一个以自我成长为主角的孩子；一个富有巨大潜能的孩子。面对这样的孩子，成人应如何应对呢？当然，最重要的就是要承认"其实有一百"。所以，这是马拉古齐儿童观、教育观的"宣言诗"，表达了他对儿童特点、权利、自由和精神世界的承认，对儿童和环境、他人等外部世界的认识与联系方式的理解。

---

① 涂美如.向瑞吉欧学什么——《儿童的一百种语言》解读[M].北京：教育科学出版社，2002：42.

1981年，马拉古齐率团在瑞典斯德哥尔摩市的现代博物馆举办了一个名为"如果眼睛能越过围墙"（The eye, If it leaps over the wall）的教育展览，轰动了整个欧洲。展览的内容不是什么特别的东西，就是儿童的艺术作品。这些作品是没有经过任何修饰加工的，都是活动过程中儿童创作的。他们用艺术作品来展示自己的思想和内心世界，而这些作品也毫不例外地成为儿童独具一格的语言。此外，展览还收集了方案活动过程中幼儿活动的各种资料。这些资料真实而又生动地反映了幼儿们的快乐生活，也让世人真切地感受到瑞吉欧教育对儿童的爱与尊重。

这里的"围墙"，又是一个隐喻。一方面，它是由平庸、浮夸、迎合、惰性和怯懦等组成的障碍。多少年来，这道陈腐、顽固、偏执和不通情理的"围墙"总是以成人世界一厢情愿的方式强加于孩子。另一方面，又暗示着儿童的内心有一些隐秘的地方是被成人所忽略的，他们的视角能透过围墙看到更多真善美的东西，因此是具有巨大潜力的。

孩子的眼睛如果能够越过围墙，就说明他们能够真正地动脑、动眼、动耳和动手，用整个身心去建构心智和人格，就说明孩子已经摆脱了人为的障碍，能够主动地去发展自我。所以，对儿童的教育应该超越世俗的陈规，解除各种束缚，真正地去了解儿童的内心，给予他们适合的教育。

1987年，瑞吉欧·艾米里亚教育体系展在美国纽约举办，同时展览也更名为"儿童的一百种语言"（The hundred languages of children）。从"眼睛越过围墙"到"一百种语言"，这不仅回归到马拉古齐的核心教育理念，也让我们重新认识了儿童发展的多样性与可能性。虽然儿童不能像成人那样纯熟地掌握语言，但他们表达自己内心以及表达对世界的认识却是独一无二的。

不管是一百种语言，还是后来美国教育学家和心理学家霍华德·加德纳（Howard Gardner）提出的多元智能理论（Theory of multiple intelligences），其实强调的都是多样性与多元性，不能用死板的眼光去看待人的发展。所以，加德纳教授才欣然地为后来集结出版的《儿童的一百种语言》一书写下前言。

二、从"语言"到"想象"

《其实有一百》里孩子那斩钉截铁的回答，很容易让人想起英国浪漫主义诗人威廉·华兹华斯（William Wordsworth）的那首代表作《我们是七个》（We are Seven）。诗人问小女孩兄弟姐妹共有几人，她说我们是七个，两个去了威尔士的码头，两个去了海上工作。诗人纠正小女孩他们是五个人时，小女孩反驳道，"不，我们是七个"，还有一个姐姐、一个哥哥，就在附近教堂的墓园里，"坟堆看得见，青绿一片"。

简单的话语、执拗的语气，虽然对世俗事物懵懂无知，却保持着内心的纯洁与天真。华兹华斯不仅讴歌了这种纯洁与天真，更表达了对儿童的热爱、对童心世界的无限向往。值得注意的是，在这首诗中，成人的语言一开始是非常强势的，是对比式和判断式的，充满了无可辩驳的逻辑，而小女孩的回答却是被动的、弱势的、描述性的，听上去还有点非理性。

但最终对话却以小女孩的"坚持"而结束，所以华兹华斯似乎为我们展示了这样一个愿景：被动打败了主动，弱势颠覆了强势，非逻辑性战胜了逻辑性……小姑娘对成人判断的拒绝表明，逻辑理性思维观下的语言表达无助于情感的沟通、心灵的沟通和非理性想象的彰显，逻辑理性中的语言阐释在这个层面上是多余的。

有学者直言，"华兹华斯对儿童有一种倾心，那是因为儿童有一种特殊的洞察力——未经提炼的知识，有一种对断裂（discontinuity）的耐心"[1]。所谓"未经提炼的知识"，我们可以理解为一种混沌的感悟、一种非理性

---

[1] Mahoney J L. William Wordsworth, A poetic life [M]. New York: Fordham University Press, 1997: 75.

的主观感觉，是未加理性思维分析和梳理的认知。说白了，就是想象。它是对线性的、具有明显因果关系的逻辑思维的反驳，呈现"断裂"或跳跃式的特点，与成人那种缜密的逻辑思维形成了鲜明的对峙。

实际上，也正是英国浪漫主义诗歌流派把想象力推到至高无上的地位，而作为代表诗人之一的塞缪尔·泰勒·柯勒律治（Samuel Taylor Coleridge），其想象力理论更是对杜威的学说产生了重大的影响。因此，我们在英国浪漫主义诗人柯勒律治和马拉古齐之间找到了一种线性的联系。

在他们那里，儿童就是想象的代名词。不可否认，想象的发生与幼儿大脑皮质的成熟有关，想象的生理基础是大脑皮质旧神经联系重新组合构成新的联系，又通过动作和语言等外化的形式来加以表现。幼儿期是一个人包括想象力等在内的各种认知能力迅速发展的非常重要的时期。从某种程度上来说，对儿童的尊重就是对想象力在促进人类发展功能上的再认识。

马拉古齐笔下的"语言"是个抽象的名词，它代表了想象力等在内的儿童的各种能力。在这点上，他和贝奈戴托·克罗齐（Benedetto Croce）的观点一致。后者认为，语言既可表现形象思维，也可表现抽象思维。其他艺术形式都可以用语言表现出来，并由此衍生出绘画语言、肢体语言、音乐语言等。很显然，克罗齐将语言的外延与内涵都扩大化了，而马拉古齐更是将其发展到了一百。

华兹华斯则对这个庞大的"语言"群体进行了细分，一种是以成人为代表的理智化语言，另一种是以儿童为代表的想象性语言。这样的划分有点类似詹巴蒂斯塔·维柯（Giambattista Vico）提出的"诗性智慧"和"理性智慧"这两个概念。其中，诗性与想象性对应，而理性则可以与理智化画等号。

在英国哲学家罗宾·乔治·科林伍德（Robin George Collingwood）看来，理智化语言要优于想象性语言，因为"语言在其原始的想象性形式中只有表现力却没有意义，而语言在其理智化形式中既有表现力又有意义。作为语言它表现了情感,作为符号体系它指向思维,而那种语言情感就是思维所具有的情感负荷"①。

但实际上,思维经常会挤压情感的空间,特别是当成人的理性思维与儿童的情感体验发生冲突时,理智化的语言往往会把儿童带入一个枯燥的理性世界中,他们既得不到新的情感,也不会有想象的飞跃。所以,诗人们对儿童的崇拜实际上是对想象性语言的呼唤,减少意义对表现力的侵蚀,还想象一个自由发展的空间。

三、从"一百"到"九十九"

我们不得不说,马拉古齐之所以提出儿童的一百种语言,还基于这样一个现实:彼时意大利家庭中的幼儿数量越来越少,很多孩子几乎没有兄弟姐妹,但他们又生活在新的需求、新的社会环境之中。一旦过早地被卷入成人生活,变成一个被过度情感投资的对象,往往就会妨碍幼儿的发展。与此同时,现代社会需要更健康、更聪明、更具有潜力、更愿学习、更好奇、更敏感、更随机应变的儿童。

事实上,这也是当代中国社会的真实写照,是中国学前教育面临的现实需求。中国人向来有"耕读传家"的文化传统,也有"学而优则仕"的价值追求,这使得教育与生活的联系比儒家文化圈外的其他国家更为紧密。全家人围绕着孩子转,全部的时间、精力、金钱都投入到孩子的学习上……这种现象早已屡见不鲜。

经过改革开放四十多年的发展,新时代人民群众不仅对物质提出了更高需求,在精神层面也提出了更高需求。这些需求包括期盼有更好的教育、上更好的学校、毕业后能找到更好的工作等。

---

① 科林伍德.艺术原理[M].王至元,陈中华,译.北京:中国社会科学出版社,1985:275.

从这个意义上说，现代幼儿教育不仅应该重视开展幼儿学习活动，丰富幼儿的生活经验，更应该重视幼儿想象力的培养。教育改革，应该步入想象力的广阔天地，把想象力变成推动学生发展的核心动力，把教书育人变成一项越来越充满创造力和想象力的工作。只有这样，教育才是美好的，才能引领人们走向美好的生活。

就学前教育而言，如何把被教育偷走的那九十九种留下，还儿童游戏、歌唱、创造、想象以空间，这是一个值得深思和探究的问题。我们面临与马拉古齐一样的现实，却有着更为复杂的困境与更为尖锐的矛盾。那就是如何在一个应试氛围浓厚的国度里，发展想象等看似虚无缥缈的能力，并得到所有人的认同。

如果说"一百"是对孩子全部能力的想象，那么"九十九"就是需要去达成的目标。也许我们无法让被偷走的九十九种语言全部复原，但多一种语言，孩子的未来不就多了一份可能性吗？所以，我们提出发展儿童的九十九种想象，通过文学表演、游戏体验、创客制作、艺术表达等载体，以言语、替代、制作、图画等表征，助推幼儿想象力的表现与表达，让每个孩子都能插上想象的翅膀，培养他们乐想、会想、妙想的良好品质。

同时，以想象力教育为切入口，提高教师的观察与解读能力，优化课程育人价值，提升教师课程实践力；推动家园合作，培养一大批富有想象力和远见的家长。在此基础上，不断提升幼儿园的育人品牌影响力，让学前阶段保护和激发儿童的想象力不仅成为共识，还成为一个吸引更多人关注和参与探索的大课题。

英国作家查尔斯·狄更斯（Charles Dickens）在小说《艰难时世》（*Hard Times*）的末尾描绘了一幅理想课堂的场景：

所有的儿童都喜欢她；她也学会了很多儿童们喜欢听的故事、歌谣等，并讲给他们听；儿童们天真可爱的想象不应该被轻视，她极力要想了解情况不如她的人们，想法子用种种想象的优美和快乐来美化他们机械的现实生活；因为没有这些东西，孩子们的心灵就会干枯，长大成人也就会同行尸走肉差不多；如果不去陶冶天真，培养性情，即使能用统计数字来证明一个国家多么富足，但归根结底这还是大祸降临的预兆……①

这样一幅其乐融融、美妙柔和的场景跟坚硬的社会现实形成了鲜明对比，也给后世读者留下无穷回味和想象的空间。狄更斯通过路易莎（Louisa）所呈现的"教育想象"与"想象教育"，非常值得我们玩味与深思。毕竟，时光已经过去了上百年，我们的教育体系难道不应该多一些路易莎，少几个葛擂硬（Gradgrind）吗？

---

① 狄更斯. 艰难时世 [M]. 全增嘏，胡文淑，译. 上海：上海译文出版社，2008：338-339.

第二章 文化之维：想象在发生

与其他机构相比，学校是一个相对保守的组织。任何教育活动改革，特别是没有外部压力的那种，必然会遭遇来自方方面面的阻力，要让教师脱离舒适区、打破固有的利益藩篱绝非说说那么容易。

想象力教育是走在时代前列的教育，正因为距离有点远，没有立竿见影的效果，故而容易被误解。这时候的改革必须为自己找到合适的文化注脚，必须从思想上统一所有利益攸关者的认识，才能行稳致远。

如果把马拉古齐的教育诗当作推进想象力教育的理论基础，那么我们必须要为它找到一个文化之维，两者缺一不可。前者解决的是必要性问题，"想象应不应该发生"，而后者解决的是合理性问题，"想象会不会发生"。任何时候，我们都应该避免"应而不会"或"会而不应"等现象的发生。

第一节　地域文化的必然指向

地域文化是长期生活在特定地域的人们逐渐形成和发展起来的特有的人生观、价值观、地方意识、家乡情感、生活习惯和人文环境。地域文化具有天然的亲和力。要推动想象力教育落实落细，我们必须善于挖掘地域文化中的有利因素，激发师幼深层次的情感，引发他们精神上的共鸣。

瑞吉欧之所以能诞生和推动学前教育的新浪潮，也与其独特的地域文化有关。13—17世纪的文艺复兴（Renaissance）在当地创造了灿烂的文化，同时形成了人们崇尚自由、民主，非常热爱和关心儿童教育的社会风尚。同时，人文主义思想的深入人心又拓宽了学前教育工作者的思路。

仓前既是一个千年古镇，又是创新创业的集聚区，是"梦想小镇"的代名词。在这样一个具有鲜明文化特色的地方推动和发展学前教育，我们不可能绕开"想象"，那是地域文化在学前教育创新发展上的必然指向。

一、为什么是瑞吉欧

经常有人会问：学前教育的新浪潮为什么会发生在意大利的瑞吉欧？瑞吉欧到底有什么特别之处？

众所周知，意大利是文艺复兴的起源地。作为欧洲近代三大思想解放运动之一的文艺复兴，不仅留下了数不胜数的文化艺术珍品，还在反对封建主义和宗教束缚的过程中传播和推广了人文主义思想。那些文艺复兴的弄潮儿提出以人为中心，而不是以神为中心，通过反对神权和宗教桎梏来崇尚个性自由。他们还肯定人是现世生活的创造者与享受者，并主张科学与教育应该为人谋福利。[1]

尊重人权和人性，重视自由和民主，这些都对意大利的学前教育产生了深远的影响。文艺复兴还帮助整个社会形成了良好的艺术教育氛围。彼时的意大利统治者还以希腊宗教艺术为媒介，向全体自由民推行艺术教育，将艺术纳入"自由艺术"的学科，使之成为学校教育的一部分。同时，意大利的贵族以及宗教组织也纷纷捐资兴建博物馆，并向公众免费开放。

有学者直言，"这种文化传统对教育内容的选择和影响也是显而易见的，尤其对于学前教育而言，艺术氛围的熏陶是其他国家所不能比拟的"[2]。而作为意大利东北部艾米利亚·罗马涅格大区（Emilia Romagna）的一个美丽小城，瑞吉欧的传统文化艺术氛围非常浓厚，古老的建筑、美丽的雕塑等随处可见。

事实上，20世纪中叶，瑞吉欧已经出现了繁荣发达的现代化工业，而且整个社会失业率较低，多数家庭生活富庶，经济状况良好。市民们也非常尊重文化传统和大众组织，不同的社会阶层常常通过政治活动或经济合作来解决问题。一言以蔽之，居民有强烈的民主参与和公共社区观念。各行各业也都有着合作的传统，正是在这种传统的影响下，人们共同努力兴办学校，并由教师和父母合作管理学校。[3]

时光回溯到1945年春天，"二战"结束后的第六天，在距离瑞吉欧几里之外一个名叫维拉舍拉（Vella Cella）的村庄，当地的家长变卖了一辆坦

---

[1] 黄昌瑞. 意大利文化与现代化 [M]. 沈阳：辽海出版社，1999. 150.
[2] Rebecca S. Reggio Emilia as cultural activity theory in practice[J]. Theory into Practice, 2007（3）：47.
[3] 亨德里克. 学习瑞吉欧方法第一步 [M]. 李季湄，等译. 北京：北京师范大学出版社，2002：4.

克、几辆卡车和几匹德军留下的战马,准备亲手为孩子们建立一所幼儿学校。为此,有的村民捐出了土地,有的则从炸毁的房子里拆运了砖头和桁梁过来,从河里取了沙子……大家利用晚上和周末的空闲时间,自愿地一起去建设。

马拉古齐闻讯立马赶了过去,眼前发生的一切让他吃惊不已。作为教师的他受到了当地村民的热烈欢迎,马拉古齐也加入了建设队伍。八个月后,幼儿学校竣工了。这股风潮随后席卷了整个瑞吉欧地区,哪怕是最贫困的地方,家长们也愿意为孩子建立类似的幼儿学校。

瑞吉欧地区浓厚的民主氛围还表现在当地市民并不反对争论、异议,他们会鼓励不同人群的参与和发声来促进整个社会的发展。在瑞吉欧教育的发展过程中,其实女性起到了很重要的作用。因为在现代社会,妇女不但要走进工厂或者农田参加工作,还要承担孩子的抚养与教育任务,所以她们不满意现状,开始为自己的权利而斗争。

"二战"结束前后,瑞吉欧地区出现了两个比较有名的妇女组织,它们维护女性权益,代表女性发声,不再对社会上的一些性别歧视现象忍气吞声。其中一个是 1944 年成立的意大利妇女联合会(the Union of Italian Women),另一个是 1945 年成立的意大利天主教妇女中心(the Catholic Italian Women's Centre)。

虽然每个人都有不同的政治倾向,但在争取孩子利益方面,这些妇女组织总能达成一致。由于女性的积极争取,政府不得不把孩子的教育问题上升到更高层面来加以审视和解决。像马拉古齐一开始由于政治的原因,并没有得到大家的认可,正是瑞吉欧市长的力排众议,他才成为新学校最适合的领导者。

在妇女组织的推动下,仅 1945 年就建立了 7 所幼儿园,而到 20 世纪 50 年代末,光瑞吉欧地区就建立了 60 所幼儿园,它们为瑞吉欧教育的蓬勃发展乃至走向辉煌奠定了坚实的基础。

二、章太炎的教育观

仓前是一块特别有文化气息、灵秀温润的土地。始建于隋炀帝时期的京杭大运河穿街而过，因此800多年前，南宋临安府在此修筑粮仓。它原名灵源，其诞生与发展与中国古代粮政制度密切相关。古代官府为调节粮价、储粮备荒而设置粮仓，以避免"谷贱伤农"，又防止"谷贵伤民"。

而一提起仓前，最有名的莫过于它诞生了国学大师章太炎。章太炎（1869—1936年），字枚叔，号太炎，后更名为炳麟。他一生被清廷七次追捕，三入牢狱而矢志不渝，"并世无第二人"；他留下近四百万字学术著作，涵盖经史子集，成为中华文化宝库中弥足珍贵的财富；他爱国情深，晚年还抱着病弱之躯奔走在抗日救亡的第一线……被孙中山称为"革命先觉，民国伟人""四万万人仰为泰山北斗"。

虽然太炎先生本质上是一个"有学问的革命家"，但他也是一位桃李满天下的园丁，学生中不乏鲁迅、周作人、钱玄同、黄侃、朱希祖、许寿裳、汪东、马裕藻等大家。故而在仓前推动和发展学前教育，章太炎是无法绕开的一个文化母题，尤其是他的哲学思想和教育观念都应该成为地域文化的重要组成部分，来认真地加以研究与吸收。

纵观章太炎的一生，在孙中山领导的资产阶级民主革命时期，他积极参与反对清政府的革命活动。辛亥革命失败后，他还到总统府痛骂妄图复辟帝制的袁世凯。他极力反对"孔学"，对儒家道德观念中的糟粕进行了尖锐的批判，认为它们维护封建专制主义，扼杀了人的个性，禁锢了人的想象，体现了一定的人本主义思想特征。

他认为，社会是由人组成的，即"群必以独成"；而个人的意志自由是社会责任得以实现的前提，只有发挥人的个性，才能孕育新的"大群"，推动社会的前进。然而，封建专制主义却把人变成宗法关系的附属物，把社会分解成为相互对立的宗族、宗派等小群,从而造成了社会分裂,也就是所谓的"小群,大群之贼也"①。

我们不难发现,章太炎的"大群"思想与欧洲文艺复兴所崇尚的个性自由一脉相承,他们不约而同地把人的解放置于核心位置,强调先有个体的自由才有集体的自由,反对以集体的名义去干涉或侵蚀个体的自由。这在半殖民地半封建的中国社会,无疑是一股遗世独立的"清流"。

因为人是自由的,所以章太炎反对"学问专为致用"的功利主义的教育观念。在他看来,这样会把学生培养成服务于"致用"的工具,而忽略了学生的自身价值。一旦学习没有主动性,会不利于学生健康、全面、和谐的发展。在这个基础上,章太炎提出教育的根本目的在于开启智慧,学生求学是如此,老师活动也这样,"求学不过开自己的智,施教不过开别人的智,是最大的坦途了"②。

怎么开智呢?章太炎自己是读了很多书,但对于博学,他却认为"博学要有自己的心得,有自己的创见;否则就是读尽了天下书,也只是书箧,装了些别人的东西,而不是自己独有的东西"③。由此可见,章太炎非常反对那些没有个人主见、盲目崇拜、随波逐流的治学思想,强调学习贵在独立、自主和创新。

我们不能总是用昨天的知识,教授今天的学生,然后期待他们为明天的社会发展服务。如果教育总是这样循环往复,那就不可能培养出高素质的人才。所以,教育一定是一种具有创新特质的实践活动,否则它就不是教育。在这里,章太炎关于知识创新的思想为我们开展想象力教育提供了

---

① 李承宗.简析章太炎对孔学和儒家道德的批判 [J].船山学刊,2000(4):53.
② 章太炎.章太炎的白话文 [M].沈阳:辽宁教育出版社,2003.4.
③ 刘春蕙.为实现教育救国的抱负呕心沥血——章太炎的教育实践与教育思想 [J].教育发展研究,2002(5):71.

很好的思想与文化基础。

从这个意义上来说，在章太炎的故乡开展想象力教育，有无可辩驳的正当性。这不仅是教育的本质要求，更是历史和文化的传承。正如章太炎故居三字匾"扶雅堂"所题，教育里的"雅"就是守正创新，而我们扶持的正是这样的"雅"。

三、梦想小镇的召唤

2015 年 3 月，"梦想小镇"正式启用，这个占地面积达 3 平方公里、坐落于仓前的小镇是新型的"众创空间"。它由互联网"创业小镇"和"天使小镇"两部分构成，主要培育以互联网产业为特色的新一代信息技术产业和以科技金融为重点的现代科技服务业。像创业小镇首期就以 12 个旧时粮仓改造而成的"种子仓"为主体，重点鼓励和支持泛大学生群体开展创新创业。

梦想是对未来的一种期望，是一个人心中努力想要实现的目标。小镇以"梦想"为名，自然体现了它的创新属性，也迎合了大众的创业需求，希望进驻的每个创客都能脑袋里装着梦想，内心满怀激情，撸起袖子加油干，从而开启属于他们自己的互联网创业时代。

很长一段时间里，中国城镇化的主要特点是"资本"和"土地"等要素的集聚。而梦想小镇的城镇化却不是传统工业下的要素集聚，而是信息产业下的要素集聚，是典型的"人的集聚"，是各层次专业性和技能性人才的大汇合。一大批有资本、有思想、懂技术、懂管理、会经营的人才来到仓前，并在这里扎下根来工作与生活。

梦想小镇把"人"，更准确地说是人才，提升到前所未有的高度，连带也提升了对学校教育的关注度。因为学校教育是人才输出的最大产床，我们不否认有天才，但即便是天才，也多多少少要接受一点学校教育，才能走向最终的辉煌。反之，在人才质量与数量产出都比较低的社会里，我们也会质疑和诘问学校教育的作用。

很难想象，一个从小就没有梦、不会想的孩子如何能承担起未来建设梦想小镇的重担？所以，在梦想小镇办教育，如果我们没有把"梦"与"想"种进孩子的心里，显然是一种缺位和失职。学校教育的责任就是从孩子进校的第一天起，就要让他们学会做梦、学会想象，用瑰丽的梦去扮亮人生，用奇绝的想象去改变世界。

从这个意义上说，在学前教育阶段推进想象力教育是建设梦想小镇的召唤，是我们回应这个以创新创业为荣时代的吁求。正如马云在2016年云栖大会上所说的，"我希望未来大学多关注的是创造力和想象力的培养，如果纯是用知识的话，我相信我们未来的大学生面临的挑战也会越来越大，因为21世纪以后，核心词是创新，是想象力，是变革"[1]。

作为新型城镇化的样板，梦想小镇不仅要求有好的生态环境、基础设施体系、公共服务体系，还要能围绕人的发展规律，吸引人、留住人，并聚集人气。它既要有城市的便捷和现代化，又要有乡村的慢节奏；既要有城市的精致，又要有乡村的闲适等。在发展上，既要有速度，又要有温度与深度。

换言之，我们不需要那种只有高楼大厦、只有商品货物的"空心化"城市，更在意能否回到那个曾经熟悉的"人情原乡"，能否重建充满温暖、温馨与温情的"熟人社会"，让梦想小镇无论从外在形态、自然环境，还是文化浓度，都成为一个被更多群体关注和关注更多群体的精神家园。

在这方面，教育大有可为，也只有教育才能从根本上塑造一个城市的品位。它绝不是那种只关注考试成绩和升学率的教育，而是充满温情、富

---

[1] 马云. 纯电商时代即将结束 线上线下物流都要做 [EB/OL].（2016-10-13）Https://163.com/tech/article/c3812AA900097U7R.html.

有远见的教育。它通过每所幼儿园和学校开展的文化活动，通过一系列有目的的言传身教和耳濡目染，通过代际传递，缓慢地雕刻着一座座城市的文化样态和精神气质。

不管梦想小镇，还是仓前，未来的主人一定是校园里那些生动活泼的学生。他们有什么样的音容笑貌，仓前就会有什么样的音容笑貌；他们长成什么样的精神气质，仓前就会有什么样的精神气质；他们能想得多远多辽阔，仓前的发展就有多远多辽阔……

如果不想被这伟大的时代淘汰，如果不想落伍于小镇日新月异的变化，那就应该打起精神，抓住机遇，扎扎实实地推进想象力教育，把培养有梦想、有特长的孩子作为己任，也助力仓前实现跨越式发展。

第二节 教育发展的现实需求

除地域文化外，教育发展的宏观背景也是想象力教育的一个重要推手。什么样的时代，就会有什么样的教育。这种背景包括教育思想、教育目标、教育政策等，它们不仅指引着教育发展的方向，也为教育创新提供了丰腴的土壤。

毫无疑问，瑞吉欧掀起的学前教育新浪潮受到了杜威、皮亚杰、蒙台梭利等人的教育思潮的鲜明影响，也与彼时意大利实施的教育改革政策等不无关系。如1968年颁布的《444号法令》（Decree No. 444），它实质上推动了意大利学前教育文化的根本性转折。

进入新世纪后，中国教育的根本任务已经从"有书读"转向"读好书"。学前教育亦是如此，我们的家长不再满足于把孩子"关"在幼儿园里，而希望他们从一开始就能接受优质的、个性化的教育，从而实现孩子的成长与成才。从这个意义上来说，实施想象力教育既是教育发展的必然要求，也有发展教育的现实需求。

一、进步主义教育思潮

20世纪40年代，经历了20多年的法西斯独裁统治，意大利人在深恶痛绝的同时，民主意识也空前增强。而这时以杜威和克伯屈等人为代表的欧美进步主义教育思潮也开始在世界范围内传播。他们充分肯定儿童的能力，认为儿童天生就具备社交、制作与建造、艺术、研究或发现等四种本能。所以，教育改革就要把儿童当作中心，围绕挖掘和提升儿童的本能来制定各种教育措施。

就像杜威指出的那样，"学习是主动的。它包含着心理的积极开展，它包含着从心理内部开始的有机的同化作用。毫不夸张地说，我们必须站在儿童的立场上，并且以儿童为自己的出发点。决定学习的质和量的是儿童而不是教材"[①]。

这种进步思潮对意大利的教育也产生了直接而深远的影响，广大的教师和学生家长希望能找到一种与新型民主社会相一致的、符合当代世界现实的、与儿童生活密切相关的新的活动方式。就学前教育而言，幼师们提出了两大诉求：一是要为大众创办免费的公立幼儿园，二是革新活动方法，转变教师角色。

正是在这一背景之下，1968年意大利颁布了《444号法令》。法令的第一款规定：意大利3~6岁的幼儿在幼儿园注册是非强制性的，就读是免费的。同时，该法令还明确提出，所有儿童都有接受学前教育的权利。法令还对宗教教育、情感教育、精神与社会发展、教育游戏与创造性活动、认知发展、语言发展、艺术与艺术设计、音乐与音乐活动、体育与健康教育等作了具体的要求。

《444号法令》将幼儿学校纳入学校教育体制，并开始在全国建立以国立幼儿园为主的公办学前教育体系。其中，国立幼儿园只收基本的餐费，而市立与私立幼儿园则较为灵活，可以方便不同家庭的需要。自此，由国家、地方和个人承办学前教育的三足鼎立的总体格局正式形成。

与此同时，意大利还出台了一系列配套的学前教育法规，如1969年颁

---

① 杜威.杜威教育论著选[M].赵祥麟，等译.北京：人民教育出版社，1981：78.

布的《国立幼儿园教育活动指导纲要》(Guidelines for Educational Activities in National Kindergartens），这份纲要特别强调家园合作以及在幼儿园开展宗教教育和游戏。还有法规则允许国家有条件地为市立和私立幼儿园提供部分资助，譬如为一定数量的贫困孩子提供免费膳食，但前提条件是幼教质量需要达到最低限度的标准。

有学者直言，《444号法令》不仅为政府提供公费的学前教育奠定了法律基础，它也代表了意大利学前教育文化的根本转折。[①] 而这种变化主要体现在三个方面：一是在目的上，从为了帮助家庭和工作的母亲转向为了满足和维护儿童的需要和权利；二是在布局上，从发达地区的社区组织和企业家试点转向全国范围内建设；三是在组织上，从主要由雇主资助转向多方承办保教服务。

对于马拉古齐等人来说，他们还深受皮亚杰等人建构主义心理学的影响。建构主义认为，知识不是通过教师传授得到的，而是学习者在一定的情境下，借助教师和学习伙伴的帮助，利用必要的学习资料，通过意义建构的方式而获得的。所以，"情境""协作""会话"和"意义建构"是最重要的四大活动要素。

概而言之，建构主义强调以学生为中心，强调学生对知识的主动探索和主动发现，而不是像传统活动那样，直接把知识从教师的头脑里传送到学生的笔记本上。事实上，这也成为瑞吉欧地区革新活动的武器，他们承认"工作中有皮亚杰理论的清晰影子，但除此之外又有一些明显而独特的风格，这种风格是由我们的经验和新观点综合的结果"[②]。

---

① 余强.意大利学前教育制度的主要特点[J].幼儿教育（教育科学），2009（10）：50.
② 亨德里克.学习瑞吉欧方法第一步[M].李季湄，等译.北京：北京师范大学出版社，2002：78.

在罗马国家研究中心系统地学习心理学和教育学后，马拉古齐回到了瑞吉欧。在他的倡导和努力下，当地的幼儿园和学校纷纷积极探讨如何将进步主义教育思潮运用到实践之中，如何从以教师为中心转向以学生为中心，从强调"教"转向重视"学"。如今，瑞吉欧提倡的开放性活动得到了最新信息技术成果的强有力支持，也早已成为国内外学校深化活动改革的指导思想。

二、从"有书读"到"读好书"

在党的十九大报告中，习近平总书记郑重地提出，中国特色社会主义进入新时代，我国社会主要矛盾已经转化为人民日益增长的美好生活需要和不平衡不充分的发展之间的矛盾。我国稳定解决了十几亿人的温饱问题，总体上实现小康，不久将全面建成小康社会，人民美好生活需要日益广泛，不仅对物质文化生活提出了更高要求，而且在民主、法治、公平、正义、安全、环境等方面的要求日益增长。[1]

反映在教育领域，这种矛盾也转变为人民日益增长的美好生活需求与不平衡、不充分的教育发展之间的矛盾。新时代，人民群众有什么样的教育需求？从宏观上来说，首先需要高品质的教育，其次是更公平的教育。而从微观上来说，则需要一大批符合新时代特征的更美好的学校。换言之，已经从"有书读"的阶段逐步迈向"读好书"的阶段。

"读好书"是老百姓对充裕的教育资源、长远的活动理念、先进的教育思想等方面的通俗表达。它的外在形式是好学校、好老师与好学生，而支撑这"三好"的无疑要有先进、科学的教育理念。那种靠资源整合从而聚拢一大批好老师、好学生的学校不是真正意义上的好学校，因为它没有

---

[1] 习近平. 习近平著作选读（第二卷）[M]. 北京：人民出版社，2023：9-10.

基于教育理念而产生化学反应，无法将所有教师团结成一个整体。

那么现阶段，为达成"读好书"的目标，我们需要什么样的教育理念呢？

首先，要有办好公平优质教育的追求。"读好书"必然要以教育公平为前提，同时兼顾教育质量。任何抛开教育质量来谈教育公平，都是毫无意义，而且是难以实现的。因为这样的教育既不符合教育发展方向，也不是人民想要的。正如顾明远先生所说的，"教育公平不是人人接受一样的教育，而是要在活动过程中因材施教，及早发现有天赋的人才，针对性地加以特殊的培养，使他们成为拔尖创新人才"[1]。

反之，任何由不公平因素衍生出的优质教育也不可能长久，因为这样的教育往往会产生严重的"挤出效应"，其对社会造成的负面影响远远大于它本身所带来的正面效应。所有无视学生在入学权利、起点及其发展机会等方面公平诉求的教育，不可能也不应该成为我们下一阶段发展的重点。

其次，要有为孩子幸福生活奠基的思想。"读好书"的终极目的是帮助人们获得健康的生活方式，为人的幸福生活奠基，而不仅仅是为了"学而优则仕"或找个好工作等功利或职业目标。虽然好工作可能与一个人的幸福生活有些许关联，但后者更多指向人的内心情感、生命体验以及人格发育等。

也就是说，我们不仅要注重提升学生的某种特殊职业知识和能力，更要关心他们情感、态度和价值观的培养。否则，读的就不是"好书"，而是一本有缺陷的书；教育出来的也不是一个合格的公民，而是一个"精致的利己主义者"（钱理群语）。他们虽然高智商，但世俗、老道、善于表演、懂得配合，更善于利用体制达到自己的目的。

最后，要有因材施教、给孩子提供适合教育的理念。既然"读好书"

---

[1] 顾明远. 浅议教育矛盾论 [J]. 中国大学教学，2020（2-3）：5.

的目的是人的幸福生活，那么教育过程如果不利于提升学生的自尊与自信，不利于学生自主性的发展，不加区分、千篇一律，那么它一定是有害的，是反教育的，甚至可以说是一种"洗脑"或"精神屠杀"。

"读好书"应该是一个在价值引导下的自主建构过程。其中，价值主要由教育者预设，他会根据自己的主观意趣来选择教授相关知识与技能。但这是单向度的，而"读好书"必须双向互动，也就是说要有受教育者自主建构的反馈机制。没有这个自主地、能动地生成与建构的过程，没有"内因"的作用，单靠教育者的外部力量，很难把知识与技能转化为受教育者的一种素养。

因为孩子千差万别，所以这种由外而内的转化也必须因人而异、因时而异、因事而异，千万不能有"一张方子包治百病"的思想。学校层面，我们鼓励特色化、多样化办学；学生层面，也应该鼓励他们差异化、个性化成长。

三、幼教改革方兴未艾

在漫长的古代社会，中国没有真正意义上的幼儿园或幼儿学校，婴幼儿的教养几乎全部在家庭中进行。直到1903年张之洞在武昌设立湖北幼稚园，才宣告现代幼儿教育在中国的诞生，但也比西方整整晚了大约一个世纪。

虽然起步较晚，但中国幼儿教育改革却一直紧跟着世界的潮流。特别是20世纪20年代中期以后，以陈鹤琴、张雪门等为代表，他们学习以杜威为代表的进步主义教育思想，先后进行了幼儿课程改革实验。像陈鹤琴在南京鼓楼幼稚园推行的"整个活动法"，就是把儿童所应该学的东西整个地、有系统地去教儿童学，试图矫正割裂知识联系和无视儿童兴趣这两方面的弊端。

陈鹤琴直言，这种活动改革"就是把各科功课打成一片，所学功课是无规定时间学的；所用的教材是以故事或社会或自然为中心的，或是作出发点的；但是所用的故事或关于社会自然的材料，总以儿童的生活、儿童的心理为依据"[1]。而张雪门也是坚决反对分科活动，他与陈鹤琴南北呼应，相与鼓荡，推进综合活动，成为新中国成立前幼稚园课程的主流。

新中国成立后，幼教改革兜兜转转，最终又回到了原点。像新中国成立之初，曾明确规定"幼儿园不进行识字教育"，但受苏联的影响，又要求有条件的幼儿园尽可能进行汉语拼音、识字、算术等学习活动。进入新世纪后，全社会开始深刻地反思与批判幼儿教育"小学化"的倾向，分科活动的大一统局面有所松动。

如今，我国学前教育进入多元化的改革时代，新理念、新举措层出不穷。改革的终极目标是兴办一大批高品质的幼儿园，以满足社会"读好书"的吁求；改革的指导思想是充分尊重和保护幼儿的好奇心和学习兴趣，帮助幼儿逐步养成良好的学习品质；改革的学科背景则是"以儿童为中心"的进步主义教育思潮的回归。

所以，从瑞吉欧到南京鼓楼，从马拉古齐到陈鹤琴、张雪门，无一例外地都成了我们关注的焦点与热点。随着改革的不断深入，我们越发觉得需要从回溯中去寻找再出发的精神力量，从历史梳理中去重新标定当下改革的属性与位置。

环顾这些年的中国幼教改革，越来越呈现出这样的发展趋势。

第一，凸显"发现儿童，解放儿童"的儿童观。"发现儿童"就是要求幼儿园的利益攸关者必须从根本上转变儿童观，站到儿童的立场上去。否则，教育注定在陈旧、落后的圈子里徘徊，在徘徊中倒退，在倒退中最终失败。而"解放儿童"就是反对给孩子强迫式、压服式的教育，尊重幼儿多元化

---

[1] 北京市教育科学研究所.陈鹤琴教育文集（下卷）[M].北京：北京出版社，1985：106.

表达，促进个性化发展。就像法国著名的教育家让·雅克·卢梭（Jean-Jacques Rousseau）所说的，要"多给孩子们以真正的自由，少让他们养成驾驭他人思想的习惯，让他们自己多动手，不要别人替他们做事"①。

第二，重新厘定保教关系，即从"重教轻保"转向"保教结合"或"保教合一"。"重教轻保"是应试教育的压力传导至幼儿园所产生的一种畸形现象，无视幼儿"未完成""非特定化"的个体特点。而"保教结合"或"保教合一"则认为幼儿不是"单面人"，而是身体、社会、情感、认知以及道德等方面全面和谐发展的"完整儿童"。② 所以，幼儿的生活与学习不能割裂开来，需要和体验也是全方位的，任何阶段都应是保育和教育的统一，不能厚此薄彼或有轻重主次之分。

第三，幼教课程日趋多元化。更加注重完整把握整体课程结构或课程体系，"课程"概念的外延与内涵都得到了极大的拓展。不仅突破了早期的"作业""上课"等范畴，也从教材结构、活动规律等延伸到科目之间的相互联系。活动课程、游戏课程、生活课程、STEAM课程等各领风骚，大道并行而不相悖，万物并育而不相害。它们的共同目的就是促进幼儿个性化的、主体性的、充分的和谐发展。

---

① 卢梭.爱弥儿[M].彭正梅，译.上海：上海人民出版社，2008：119.
② 朱德全，皮军功，杨鸿.幼儿生活教学的价值取向[J].学前教育研究，2009（12）：19-24.

第三节　集团化办学的新定位

目前，集团化办学已经成为缓解我国优质教育资源稀缺、促进教育公平以及形成基础教育均衡发展格局的重要抓手。但集团化办学不等于同质化办学，均衡发展也非平均发展。集团化办学的目的就是要利用体制机制的优势，凝练学校特色，实现可持续发展。

2011年初，杭州师范大学与当时的余杭区人民政府签署战略合作框架协议，将仓前镇的初中、小学和幼儿园一并"打包"，成立杭师大附属余杭艺术教育集团，实行集团化办学。当年3月，正式挂牌为"杭州师范大学附属仓前实验幼儿园"。

杭师大附属余杭艺术教育集团实行以"普通教育＋艺术特色"为特点的办学模式。在此基础上，仓前实验幼儿园致力于通过提升孩子的艺术力，来发展他们的想象力，从而培养一大批爱运动、乐想象、善思考、能表现、会合作的适应未来的创想宝贝。

一、破除同质化现象

由于我国学前适龄幼儿的基数庞大，再加上学前教育底子薄、欠账多，因此长期以来一直存在着普惠性教育资源短缺、运行保障机制滞后、保教质量有待提高等阻碍教育发展的弊端。这些年来，随着社会经济文化的发展，大众对学前教育的需求日益增长，破解"入园难""入园贵"等就成了社会普遍关注的一项民生实事。

为此，各地政府积极探索，提出了许多有针对性的解决方案，幼儿教育集团化就是在这一背景下应运而生的。2017年，中共中央办公厅、国务院办公厅印发的《关于深化教育体制机制改革的意见》指出："要完善义务教育均衡优质发展的体制机制，改进管理模式，试行学区化管理，探索集团化办学，采取委托管理、强校带弱校、学校联盟、九年一贯制等灵活多样的办学形式。"[1]

实践证明，集团化办学在促进教育的优质均衡等方面发挥了不容小觑的作用。但也应该看到，一些学校"拿来主义"现象十分突出，盲目跟从名校办学步伐，从形式到内容都是"一刀切"，模糊了校际间的教育差异。这种利用外力来强行统合集团校之间的物理边界、社会边界以及心理边界的做法，不仅不利于集团化办学，还抹杀了校园文化的差异，发挥不出"1+1＞2"的整合效应。

我们说，集团化办学绝不是机械复制，而是有序融合，不是把适用于一个学校的成功经验直接拷贝到其他学校，而是要汲取有利的因素并将其整合进别的学校。所以，集团化办学所期待的结果绝不是平均化发展，而是优质基础上的特色化发展，不是"照葫芦画瓢"，而是"各美其美，美美与共"。

组织边界是区别于同类组织的界限，是一个组织终止和开始的地方。对于集团化办学而言，这是非常重要的边界。同组织的不同层级间会处于不同的发展轨道，彼此间形成差异。[2] 所以，边界就是差异，认识到边界就

---

[1] 新华社.中共中央办公厅国务院办公厅印发《关于深化教育体制机制改革的意见》[N].中国教育报，2017-9-25（2）.
[2] 张建，程凤春.名校集团化办学中的校际合作困境：内在机理与消解路径——基于组织边界视角的考量[J].教育研究，2018（6）：87-97.

是认识到差异。这既是集团化办学过程中需要努力统合与跨越的，也是集团校发展的起点。

集团校之间的组织边界是客观存在的，主要表现为各校在办学历史、活动理念、师资水平、生源质量、评价标准等方面均有不同。它们中有物理边界，如办学实体、各种规则和规定的差异等；也有社会边界，如区别于其他学校的社会声望、美誉度等；还有心理边界，如幼师对集团化办学的不同支持度等。

边界属性的差异程度对集团化办学会产生至关重要的影响。集团校之所以出现帮扶交流不紧密、合作办学有名无实、合并成员杂乱不一、发展同质化等乱象，就是没有正确认识边界属性，从实际出发，因地制宜，找到适应学校发展的模式，从而引导集团校从低水平、低紧密型的合作走向高水平、高紧密型的结盟。

不同学校的发展空间、发展水平、适应能力均有不同。优化集团化办学，首先，必须要超越集体行动下制度规约与重构边界的困境，敏锐而且合理地感知集团内组织边界的差异程度。从有形的校园建筑、校服、校旗、校徽、校名，到无形的校园文化、教育理念、管理制度等，都要仔细加以甄别，研究它们相互整合与融入的可能性。

其次，要借助集团优势，构建"引领型"和"再生型"双路径，缩小校际差距，做到资源有均衡、教育有层次，有效规避学校同质发展，趋向追求个性成长方向。像有效活动模式的构建，一是要靠龙头校的引领，尤其是在教育思想和活动观念等方面；二是要遵循教师和学生的实际，探索符合自身特点的活动范式，合理安排活动进度与活动内容等。要始终牢记，名校模式难以替代普通校的自身探索，只有引领和再生相结合，集团化办学才有生命力。

最后，要避免"共赢共生"被"零和博弈"取代。教育共享主要是知识经验的共享，而知识经验的共享实质在于不同利益主体的价值共享。① 集团化办学既有合作，也有竞争。如果对集团校个体利益的关注超过对集团整体利益的关注，对眼前利益的关注超过对长远利益的关注，那么利己主义效应就会被放大，合作交流就有可能被恶性竞争所替代。

二、UGCS治理模式

按照协议，杭州师范大学附属余杭艺术教育集团下辖三个独立法人学校和一个独立法人幼儿园，分别为中等艺术学校——杭州师范大学附属余杭中等艺术学校，艺术特色学校——杭州师范大学附属仓前实验中学、杭州师范大学附属仓前实验小学、杭州师范大学附属仓前实验幼儿园。

以往，集团化办学主体大多是一些基础教育领域的名校，如杭州英特外国语学校、杭州安吉路良渚实验学校、杭州文澜中学等都被先后引入余杭。但杭师大附属余杭艺术教育集团并非如此，它没有引入同类名校作为集团龙头校，而是集合了多方力量，靠自身"造血"而不是"输血"，逐渐成长为一所名校。

这是一种UGCS区域教育的治理模式，即探索大学与政府合作推动区域义务教育优质均衡发展的路径。在这个模式中，高校（university）、地方政府及教育行政管理部门（government）、社区（community）、中小学校（school）四方联动，缺一不可。

其中，大学凭借专业知识和强大的人才、资源储备，指导与帮助集团教师培养、学生管理、国际合作，它主要承担的是引领者的角色；政府给予政策保障、经费和人力支持，这是推动高校和学校合作的重要保障；社区参与协同治理，给予学校社会资源与办学奖励，帮助学校解决各种非教

---

① 杨晓莹，杨小微. 共享发展：基础教育集团化办学的路径探寻 [J]. 教育发展研究，2020（2）：34—41.

育活动的问题。

所有这一切最终惠及的还是学校，它可以在高校强大的专业引领下，在政府和社区充足的资源保障下，自主地、心无旁骛地开展教育活动探索。与那种"名校连锁"的集团化办学不同，UGCS模式里被扶持的学校始终占据C位，它没有失去自我。换言之，它的组织边界不仅没有被模糊，反而更加凸显了，这也为其特色化办学打下了坚实的基础。

如今，教育领域的各种合作不可谓不多，但能"活"下来而且"活"得好的合作却并不多。经常是开了会、结了对，轰轰烈烈地闹腾一番之后就没了下文，就挥手说再见了。原因就在于合作双方的基础不够巩固，既没有制度上的保障，更没有价值上的认同。很多合作纯粹是为合作而合作，甚至是为了达成某种非教育目的的"拉郎配"。这样的合作怎么会有可持续性、会结出丰硕的成果呢？

集团化办学最忌讳的就是这种"形聚而神散"的局面。因为它不但不利于夯实合作办学的价值基础，妨碍各方的理念趋同，而且会挫伤人们对集团化办学的积极性，产生各种不必要的怀疑或猜忌，阻碍彼此从原初的那种"利益之合"逐渐走向"智慧之合"以及"文化之合"。

而在UGCS模式里，艺术教育集团通过设立理事会这一机构，为长久的合作奠定了牢固的制度基础。理事会不仅集合了高校副校长、专家学者、区教育局领导、街道办事处主要领导和中小学校长等多方力量，还创造性地架构了由大学主导、集团理事会指导下的校长负责制。大到集团理念、愿景，小到具体的课堂活动、课程建设等，都会在理事会上提出来并加以讨论和解决。

阿兰·斯密德（Allan A. Schmid）认为，所谓好的制度或有效率的制度需要四个构成要素：一是效率，二是自由，三是民主与全体一致性，四是交易成本最小化。[①]而理事会的机构设计就充分体现了这一点，它是艺术教育集团的最高决策机构，而且决策过程也是集体的和民主的，既尊重了中小学校长的办学自主权，又体现了大学的专业和学术引领作用，使行政权力与学术权力得到了有机结合。

受认知能力的约束，我们的制度选择以及制度创新的能力都是有限的，因此制度的完善只能是一个不断试错的过程。仓前采用UGCS管理模式，不仅有地缘因素的影响，更与当地推进集团化办学、提升基础教育质量的积极愿景有很大的关系。所以，制度创新的试错过程有了最大的想象与包容空间。

三、从艺术力到想象力

艺术教育集团的办学定位是"普通教育+艺术特色"。这与高校介入集团化办学有一定的关系，艺术教育是杭州师范大学的一块金字招牌。杭师大的前身是浙江一师，时任校长经亨颐就提出"教材不可偏重科学，须重艺术；而为情之修养，又当一变宗教教授，而改正意志锻炼之方法"[②]。

所以，经亨颐对于美术、音乐、博物馆教育乃至群体活动等，都给予了极大的关注和提倡。而以李叔同、姜丹书、堵申甫等为代表的艺术教师，更是大胆创新，敢为人先，既为中国近现代学校艺术教育事业做出了巨大的贡献，也为浙江留下了宝贵的艺术教育财富，更成为杭师大的一张金名片。

作为艺术教育集团麾下的幼儿园，更应该积极倡导与深入推进艺术教育，因为每个孩子天生就是艺术家。在艺术活动中，需要幼儿用耳朵听、用眼睛看、用歌喉唱、用手画画和演奏、用身体和四肢舞动跳动等，这满足了他们充分运用各种感官的需要和特点。所以，艺术教育能够陶冶幼儿

---

① 斯密德.制度与行为经济学[M].刘璨，吴水荣，译.北京：中国人民大学出版社，2004：113-116.

② 经亨颐.经亨颐教育论著选[M].北京：人民教育出版社，1993：110.

的道德情操，促进其个性发展。

集团成立之前，很多乡镇或农村幼儿园也不是没有艺术教育，但一些教师和家长对艺术教育存在着认识上的偏差。

首先，认为它可有可无，虽然安排了艺术课程，但经常被语文、数学等课程挤占。因为在他们眼中，衡量孩子是否聪明、是否优秀的标准主要取决于他们识字量的多少、计算题的准确率等。

其次，艺术教育常常流于形式。很多人认为，音乐课就是唱歌课，美术课就是画画课，舞蹈课就是随便放首歌让孩子跳。一些教师只关注自己如何去教，忽视了孩子在艺术活动中的主体性，忽视了他们表现出来的创造性行为，没有成为幼儿学习活动的支持者、合作者、引导者，从而也丢失了许多好的教育契机，导致幼儿艺术兴趣无法保持、艺术修养和审美情趣无法提高、艺术潜能被限制。

艺术具有潜移默化的熏陶作用，健康、优美的艺术作品和艺术活动可以使幼儿在不知不觉中获得教育。诚如杜威所说，"在一个充满着鸿沟和围墙，限制经验的共享的世界中，艺术作品成为仅有的、完全而无障碍地在人与人之间进行交流的媒介"[1]。所以，他对艺术极度看重，把它放在了一切之上。

而对于幼儿来说，艺术教育符合他们形象思维占主导地位的特点。艺术活动中画面的结构和色彩，音乐的高低、节奏、旋律等往往会使幼儿头脑中呈现某种相应的形象，这些具体形象就是幼儿思维活动的材料，有利于幼儿思维的发展。像绘画、泥塑、歌唱、舞蹈、朗诵等艺术活动都要求幼儿进行再造想象，因而能促进他们想象能力的发展。

这就是仓前云帆幼儿园提出从"艺术力"走向"想象力"，从"为艺术的教育"转向"为想象的教育"的根本动因所在，也是集团化办学的新

---

[1] 杜威.艺术即经验[M].高建平，译.北京：商务印书馆，2003：121.

定位与新指向。我们不能为艺术而艺术，否则极有可能滑入强制与训练的泥沼。在长时间枯燥的艺术学习中，把孩子的兴趣和耐心都消耗殆尽，那就有点得不偿失了。

想象才是艺术教育的终极目标。因为艺术本质上就是一种特殊的精神活动，它的主体是从事想象的主体，其对象也是想象的对象。所以科林伍德直言，"真正的作品不是看见的，也不是听见的，而是想象中的某些东西"[①]。换言之，看见或听见的都不是艺术作品，只有想到的才是。

从这个意义上来说，幼儿园开展艺术教育最主要的是为了促进儿童的右脑开发和提高，是为了发展和健全儿童的智能。让具有审美价值的艺术给孩子以审美享受，并通过审美活动，启迪孩子的智商与情商，达到陶冶人的情操，使人更纯洁、更聪明，从而实现教育为孩子一生幸福奠基的目标。

事实上，经过这么多年的"捏合"，艺术教育集团不仅在办学理念上相通，致力于创办有梦想的教育，让孩子们有梦并为梦奔跑，而且强调艺术特色，用艺术助力孩子成长成才，打造让人民满意的教育品牌。

---

① 科林伍德.艺术原理[M].王至元，陈中华，译.北京：中国社会科学出版社，1985：79.

第四节 创办优质园的新路径

进入新时期,创办优质园已经成为绝大多数幼儿园的自觉追求。虽然判断优质园的标准言人人殊,但无论有多么不同,创新发展与示范引领总是不变的。优质园是品牌园,品牌的特点就是与众不同,还要确保质量。可以说,高质量的教育活动以及特色化办学缺一不可。

在集团化办学过程中,仓前云帆幼儿园有"统"有"分"。"统"是为了提升各园区的活动质量,而"分"是为了整合地方资源,实现个性化办学。在此基础上,形成了"新六艺",即每个分园都有属于自己的艺术教育品牌,也就是"一园一品"。

遵循杜威的教育理论,"新六艺"下的活动课程必须要符合幼儿的能力发展水平和年龄特点,并且简单、有趣、具有可实践性,能让幼儿在玩中学、在学中做、在做中玩,形成一个良性循环。而"新六艺"最终指向的还是孩子的想象力,即培养富有探索精神和想象力的创想宝贝。

一、优质园的创设路径

优质园是一种比较笼统的叫法,在不同的省、市可能会有不同的提法,譬如有的地方叫"示范园""名园""实验园""品牌园"等。虽然字面的表述有些差异,但实际的指向却是非常接近的,都是对那些教育活动质量上乘、办学特色比较鲜明且在当地享有较高美誉度的幼儿园的一种带荣誉性的称谓。

不管以什么样的名目示人,优质园首先要具有高质量的教育活动。这种高质量主要体现在:一是有高品质的办园理念;二是有高水准的活动;三是有一批高素质的教师和学生家长。其中,办园理念是方向,办园理念不正确,再努力也白搭。而活动是核心,判断一所幼儿园是不是高质量就看活动搞得怎么样。教师和学生家长则是保障,他们的个体素质决定了幼儿园教育活动的高度。

其次,优质园还要有属于自己的、具有辨识度的办学特色。在办园理念上,优质园一般都会基于自身的历史发展与地域文化特点,凝练出符合现代教育理念的办园思想、发展目标等。仓前云帆幼儿园就是从马拉古齐、陶行知等大师的教育思想里汲取力量,坚持促进幼儿生命成长的教育立场,让幼儿在幼儿园生活中充分展现自己的力量,感受生活的欢愉和生命的意义,充满热情地去成为最好的自己。

与此同时,优质园必须要有高特质的园本课程。活动是幼儿园的中心工作,而课程则是活动的中心。课程质量作为过程质量的重要组成部分,是确保教育质量的重要前提,也被视为提升学前教育质量的重要杠杆。[①]《纲要》虽然对幼儿园的教育内容与要求、组织与实施、教育评价等做了原则性规定,却没有确定全国统一的活动用书等具体的课程形式。因此,开发、建构与实施高特质的园本课程就成为创设优质园的不二法门。

当前,基础教育课程发展的一个主流方向就是统整与开放,主要表现为跨学科、跨年段综合,软化学科界限、寻求课程的交叉统整。[②]反映在学前教育阶段,主要是课程建设上逐步凸显"多元融合"的特色,即将玩与

---

① 周欣.托幼机构教育质量的内涵及其对儿童发展的影响[J].学前教育研究,2003,3(8):34-38.
② 钟启泉.现代课程论(新版)[M].上海:上海教育出版社,2015:28-42.

学有机融合在一起，将幼儿的生活和学习融合在一起，将受教育者的共性与个性融合在一起，将幼儿园的各种文化融合在一起，将教与不教、预设与生成融合在一起。

仓前云帆幼儿园开发的"童'话'仓前"、创意美术以及"六园六艺"等园本课程，都充分体现了这一特质。它们从幼儿熟悉的环境中取材，以玩乐、嬉戏、制作等为基本的活动形式，呼应幼儿热爱游戏的天性，让他们在游戏中挥洒想象，在游戏中经历奋斗，在游戏中学会坚持，在游戏中体会合作，在游戏中学习思考，在游戏中积淀一切未来所需要的能力或者得到各种有益的经验。

另外，优质园还要有高气质的园所环境。瑞吉欧的学前教育工作者非常重视环境的教育作用，认为环境是"第三位老师"。那里的环境都是根据幼儿、家长和教师的需要而创设的，充分体现了以儿童为中心、为儿童的发展而服务。马拉古齐直言，"环境是每一种教育理论和政策性研究的建构性要素"[1]。他们不光重视环境组成的理性，也强调环境在包括师幼、家长等成员之间的互动关系中所扮演的角色。

有了这些基本要素或潜质，就可以精心地培育教育品牌，就可以逐步发展成为一所优质园。当然，除了创新发展之外，优质园还有示范引领和辐射带动的责任，不能"养在深闺人未识"，更不能独善其身、自得其乐。要在教育品牌的传播过程中，充分发挥幼儿园在贯彻幼儿教育法规、传播科学教育理念、开展教育科学研究、培训师资和指导家庭及社区早期教育等方面的引领作用。

优质园要紧密结合本地区学前教育的发展状况，协助各级教育部门做好保育、教育业务管理工作，建立覆盖各级各类幼儿园的指导和服务网络，

---

[1] 马拉古齐.孩子的一百种语言[M].张军红，等译.新北：光佑文化事业股份有限公司，1998：34.

尤其要带动薄弱园、农村园的一体式发展，从而实现区域学前教育的公平优质发展。

二、"统"与"分"的管理逻辑

仓前的学前教育，最早可追溯到"大跃进"时期农村出现的托儿所。"彼时，由于各幼儿园之间没有垂直业务领导，再加上幼儿园的身份也不一样，有的是股份制的，有的是集体办的，有的是私立的，因此很难'玩'到一起，所以只能自己管自己，水平也参差不齐。"[①]所以，集团化办学是大势所趋，创设优质园也是必然的选择。

2016年，区教育局批准成立了仓前幼儿教育集团，下设本部、仓溢、吴山、高桥、连具塘、长松等六个分园，从此开启集团化办学管理模式。具体来说，就是将六个分园变成统一管理、协同运作的幼儿园共同体。比起以往一所幼儿园的"孤军奋战"，集团化办学的幼儿园会快速地将名园的优质资源扩大化。

分园保留原有园名并增挂分园园名，各园区在集团总园领导下办学。集团内各园区的行政隶属关系不变，分园负责人由集团推荐，区教育局任命。分园负责人一般为集团总园领导班子成员或中层行政人员。集团实行总园园长负责制，统一行使集团内部的决策协调职能。集团要研讨与规划各园区的发展，分园在办学与发展方面执行集团的决策。

此外，集团实行教师绩效奖励等"六统一"，希望减少人事安排上的矛盾，从而促进教师队伍的稳定和长远发展。集团内部还建立了统一的招生系统、收费系统、质量监控系统等，不需要各分园再增加投入或另行开发，节省了行政管理方面的支出，可以将更多资金用于园内儿童的教育活动上。

---

① 夏琴.追梦与蝶变——乡镇幼儿园崛起之路[M].杭州：浙江大学出版社，2021：170.

最重要的是，幼儿园运行所需要的办公费、业务费、修缮费由总园集中资金统一分配，调用或共用一些物质资源。如此，可以按照集团的发展规划，将资金重点投入某一亟待解决的项目上，彰显"集中力量办大事"的制度优势，也可以激励各分园去思考未来的发展方向。

在集团化办学的助力下，各个分园快速地实现了从办园条件设施到师资培训管理、从硬件到软件的升级，从而使优质教育资源得以分享和不断扩大。所以，这种"统一"是为了促进教育的均衡化发展，是为了实现各个分园在活动设施、师资力量、园所环境等方面的求同，最终是为了达成活动质量的齐头并进。

但求同的过程中，也要有求异，因为每个分园的情况千差万别。如同绘画，求同只是个底色，每个分园还应该在达到标准化后重点发展特色，即在底色的基础上描绘出多姿多彩的图画。所以，仓前云帆幼儿园坚持"一体化管理，分园区办学"的集团化管理策略，做到同中有异，推动各园区集思广益，逐步形成了"底色+特色"的创新发展理念。

以实施"普通教育+艺术特色"项目化管理为切入口，建立幼儿园艺术特色发展的目标，落实目标管理和绩效管理。具体来说，就是要求各园区做好科学规划，打造特色项目，立足地区特点，挖掘本土资源，创新教育载体，倾力打造具有园所特色的"一园一品"。通过整合资源、内部挖潜，从人、财、物三方面入手，持续推进课程改革，使教育适合每一个幼儿园、每一个孩子的发展，集合"一园一品"成为具有鲜明特色和生命活力的仓前幼教品牌。

集团要求各园区充分挖掘三公里之内的特色，将这些课程资源有效地融合在各园区的特色发展之中，并将其做大、做强、做优。各园区不仅抱团创特色，还围绕特色抱团研究，制定课程实施方案，汇编研究成果。在活动实践上，中心园吸取分园的特色，将一些有创意的活动引入游戏区域予以展开；而分园也突破地域限制，推进中心园的混龄游戏。以这样的方式，形成了博采众长、深化"一园一品"建设的局面。

在创设优质园的过程中，统分有度、兼容并蓄是非常要紧的。没有"统"，就没有底线；而没有"分"，又会让集团化办学失去活力。统分有度可以避免出现"一统就死、一放就乱"的局面。另外，"统"是总框架，是大的原则和方向，是集团化办学的最终走向；而"分"则是行动线，是载体和路径，是各分园自主的探索。两者有效结合，创设优质园可以事半功倍。

三、"新六艺"的教育指向

创设优质园的过程中，仓前云帆幼儿园的一个重要抓手就是在包括本部在内的六个分园着力推进"六园六艺"，简称"新六艺"。之所以称其为"六艺"，是"六艺"之名最早见于《周礼·地官·司徒》——大司徒"以乡三物教万民而宾兴之"。这"乡三物"其中之一即为"六艺"，包括礼、乐、射、御、书、数。

后来，蔡元培为《教育大辞典》撰写"美育"条目时，也提到了六艺，认为除"数"之外，其他五艺无不含有美育的成分。[1]其中，"乐"纯粹是美育；"书"讲美观，产生了独特的书法艺术；"射"和"御"虽然是讲技术的，但气度上必须娴雅；而"礼"的本义是守规则，作用则是远鄙俗。

因此，六艺教育不仅仅是为艺术的教育，它要培养的是美的人格、艺术的人格，是经亨颐倡导的人格教育。幼儿园可以通过整合资源、内部挖潜，着力推进"新六艺"课程建设，从而打造各具特色和生命力的艺术教育品牌。在此基础上，以创想课程来连接，即所有设计的艺术活动都指向孩子创新、创想、创造的表达，目的是培养符合现代社会需求的创想宝贝。

---

[1] 王宏超. 蔡元培的美育思想[N]. 光明日报，2005-10-18.

具体地说，本部是"游艺"，仓溢分园是"体艺"，吴山分园是"草艺"，高桥分园是"陶艺"，连具塘分园是"布艺"，长松分园则是"纸艺"。本部之所以选择"游艺"，是毗邻仓前老街和梦想小镇，可以充分挖掘民俗文化中的游戏元素。仓溢分园的"体艺"，则设计了一个以"钱"为媒介的游戏，把运动与艺术连接起来。吴山分园选择稻草、狗尾巴草等来开展美术活动，受到了孩子们的热捧。20世纪80年代初，高桥村附近办起了砖瓦厂，所以高桥分园把"陶艺"作为艺术教育的方向。而连具塘分园以"布艺"为特色，就是想让新生代的孩子重温浓郁的地方文化。长松分园因为当地有不少纸箱厂，所以发展了以"纸艺"为代表的特色艺术教育。

"新六艺"课程有这样一些特点——

第一，凸显游戏特色。《指南》和《纲要》中多次提到了"游戏"两个字，可见游戏在幼儿园、在孩子的发展过程中是起着多么重要的作用。"新六艺"课程也非常注重游戏化推进，将艺术教育和游戏活动结合在一起。像本部的"游艺"课程就挖掘了"小丫儿羊锅村""裁缝铺""糕饼铺""水墨铺""仓前面馆""药铺""茶铺""修鞋铺""嘻耍水乡埠头"等19种游戏。

奥地利精神分析学家西格蒙德·弗洛伊德（Sigmund Freud）曾诗意地指出，"每一个正在做游戏的幼儿，看上去就像是一个正在展开想象的诗人。你看，他们不正是在重新安排自己周围的世界，使它以一种自己更喜欢的新面貌呈现出来吗？谁也不能否认，幼儿对这个世界的态度是真诚的，对自己的游戏是十分当真的……"① 所以，突出游戏特色可以更好地培养和激发孩子的想象力。

第二，实现课程整合。"新六艺"课程非常强调课程整合，注重从健康、语言、社会、科学、艺术等五个领域融合的高度来设计游戏活动，从而促

---

① 弗洛伊德. 性爱与文明[M]. 滕守尧，译. 安徽文艺出版社，1987：289.

进幼儿全面发展。像仓溢分园的"体艺"就通过"赚钱—花钱—赚钱"的游戏设计，动静交替来发展幼儿的动作能力、创造表现能力、交往合作能力等，并衍射设计了沙沟课程以及健康体育与创意美术相结合的特色课程等。

第三，强化环境教育。"新六艺"课程大多是就地取材，基于地域文化特色发展起来，所以创设环境、融入环境就成为活动的一大特点。本部创设了"老街游戏"的环境；吴山分园的教师则经常带幼儿深入田间地头，以自然生长的花草为主题开展活动；而砖瓦厂则是高桥分园师幼开展陶艺最直观的教育场域……深入其中，不仅活动事半功倍，而且也充分践行了杜威"教育即生活""教育即生长"的理念。

在课堂中无法得到满足的孩子，在这些或自然或仿真的环境中实现了心灵的放飞。他们可以根据自己的能力，选择自己喜欢的材料自由地活动，在梦想的国度里尽情驰骋。

第三章　想象力课程的设计

儿童的想象具有形象性、新颖性、无限性、独特性等特点。想象力教育必须遵循儿童的身心特点，依托课程的开发、建设与实施，帮助幼儿构建最佳的经验和认知，进一步带动经验、认知进入思考，从而形成一个不断循环和提升幼儿想象力的发展模式。

现代认知心理学的研究表明，想象虽然建立在表象的基础上，但只有表征活动才能促使想象实现质的飞跃。因为表征发生的同时，还会带动新行为模式的出现，这有利于激发儿童的想象。所以，想象力课程设计要关注儿童在学习或练习中获得知识的表征过程。

不同类型的想象需要实施不同的教育策略。结合儿童在实践活动中对于想象的表现与表达方式，想象力课程以语言表征、图画表征等为主要手段，引导儿童内在表象的加工和转化，发展儿童的审美想象，深化儿童的情感体验，促进儿童想象的发展，以此来作为课程设计的指引。

这些年，遵循杜威"教育即生活"的理念并借鉴瑞吉欧的方案活动，仓前云帆幼儿园积极关注幼儿的兴趣和需求，注重从幼儿的生活事件中提炼有价值的教育元素，打造了一系列基于事件的想象力课程，不仅丰富了活动内容，对于促进幼儿的想象力发展也具有十分重要的价值。

第一节 "完整儿童"的课程理念

儿童的想象是一种先在的潜能，但它具有不稳定性与不和谐性，并非亘古不变。它与感官经验的积累有关，表象经验越丰富，想象力也就越丰富。所以，想象力课程的设计就是要不断丰富儿童的感官经验，有目的地为想象提供丰富的经验素材，从而提升儿童的想象力。

仓前云帆幼儿园的想象力课程是基于"完整儿童"（the whole child）的办学目标来开发的。我们相信儿童是有能力、有自信的学习者和沟通者，他们拥有的想象潜能远远超越他们所使用的才能，因而具有无限的发展可能性。任何阻碍和干扰儿童自由想象的举动都是不被允许的。

基于这样的认识，想象力课程要注重设计与幼儿兴趣相关的各种活动，为幼儿营造愉悦的情绪情感，分析幼儿与表征活动相互作用的形式和方法，创设活动情境，让幼儿借助对表征活动的探索，尝试并在此基础上促进幼儿的逻辑性、创造性等品质发展。同时，还要真切关注幼儿的已有经验，给予足够的时间、空间和材料，促进幼儿在原有经验上不断拓展想象力。

一、儿童想象的本质特点

研究表明，不同认知能力的发展顺序与其对应的大脑皮层发育成熟的顺序具有一致性。

我们知道，想象与记忆和创造性思维紧密相关。其一端靠近记忆，一端靠近创造性思维，它们会在某些情况下发生相互转化。①"感知—记忆—想象"是一个由浅入深的链式反应。有了感知，就会有记忆，也会为进一步的想象奠定基础。感知越广，记忆的表象就越多，就越容易想象，而且想象的内容也会越丰富。反过来，想象又会促进知觉能力和记忆能力的提升，想象越丰富，层次水平越高，就越能帮助认识、理解和记忆材料。

心理学的实验早已证明，任何一个人都具有想象力，它无所不在、无时不在。想象力是内在于每个儿童头脑中的一种先在的潜能。康德甚至认为，正是因为这样的潜能，所以人才有别于动物，可以有知性、理性。他把想象力提升为先验哲学上的一种先天能力，从而赋予了想象力形而上学的色彩。②

但与成人不同，受认知水平的影响，2~7岁的儿童在想象上主要有这样一些特点——

一是无意识想象占重要地位。由于儿童接收的信息是来自外界的无意刺激，因而会引起的想象也是无意识的，尤其小班儿童表现得更为突出。所谓"无意想象"就是想象没有明确的目的性，只要有想象的过程就感到非常满足。譬如画图时，幼儿会在一张画纸上，重复地画着一个物体图形，直到所有空白的地方都画上了才满足。

二是以再造性想象为主。也就是说，幼儿想象在很大程度上表现为复制或模仿，想象的内容基本上就是重现一些生活中的经验或作品里描述的情节。记忆的成分多，想象的成分少。他们往往不能清楚地区分想象中的事物和现实中的事物，很容易将头脑中的想象与现实生活情景混淆起来。如在玩"过家家"的游戏里，幼儿倾向于扮演自己的父母，再现家长在生活中表现出来的一些举止。

三是想象的不确定性。随着知觉能力的发展，幼儿容易被那些新颖、

---

① 李芳.正确认识人类认识过程中的非理性因素[J].甘肃科技，2010（1）：45-47.
② 康德.纯粹理性批判[M].邓晓芒，译.北京：人民出版社，2004：72-73.

具体、形象、夸张、有趣的事物所吸引，即便这样，也无法长时间地保持注意力的专注，想象的主题很不稳定，容易一会想这个，一会想那个。比如幼儿在画蘑菇，这个时候问他在画什么，他可能会说在画一把伞，于是又开始画伞。

四是想象容易夸张变形。幼儿观察事物时往往只注意事物的突出特点，"攻其一点不及其余"，再加上幼儿情绪波动比较大，因而想象虽然具有一定的逻辑和现实成分，但又常常非常夸张甚至变形。这时候，虽然想象的内容是浅显的，想象的情景是简单的，但想象力开始丰富和活跃，有非常强的可塑性。

总的来说，幼儿的想象是自由自在的。从时间上来看，它可以随时出现；从内容上来看，它天马行空，由幼儿自行决定且任意变幻；从形式上来看，它在改造手段和表达形式上是不受拘束的。虽然淳朴稚拙，却是一种自然本真的生理与心理反应，是贴近对象的审美，是面向内心的真实。

在有教育价值的想象过程中，幼儿会充分调动感知、联想、情感等，实现多方参与，从而将审美对象移植、变形、粘连为审美意象，从再造性想象跃升为创造性想象。通过这种主动性的构造，幼儿可以实现对审美对象的生动性补足。换言之，幼儿通过想象以及想象的表达，也参与了"文本"的创作。

二、"完整儿童"的课程理念

我们已经知道，想象的发生与儿童大脑皮质的成熟有关。在婴幼儿大脑发育的关键时期，如果环境太过单调，接收的信息刺激太少，就会限制大脑的发育。而这正是想象的生理基础，依靠这些突触的连接重新组合构成新的联系，完成想象的过程。

在想象力课程的设计上，必须遵循"完整儿童"的教育理念。"完整儿童"是马克思"完整的人"这一概念在学前教育上的延伸。马克思指出，人需要从异化处境中解脱出来,以一种全面的方式,也就是说,作为一个完整的人,把自己的全面本质据为己有,成为自己的主人。[1]这就意味着,个人拥有支配和表达自己的高度自觉与自由,这种自觉与自由可以促进人各方面素质、才能的协调发展,实际地呈现出人的丰富性和多样性。

我们知道,"完整儿童"这一概念最早是由美国教育家威廉·海尔曼(William N. Hailmann)提出来的,他以福禄培尔的"恩物"(gifts)为叙述对象,直言"每一项活动,每一次练习,每个'恩物'的创造都必须能够促进'完整儿童'的发展,同时必须有助于儿童身体和精神、智力和道德各个方面的发展"[2]。也就是说,儿童不能够被分割,必须被视作最基本的完整整体。

而杜威才是那个使"完整儿童"观念大放奇彩的人。他认为,教育本身是广泛的、无处不在的生长过程。由于经验连续性的存在,教育场所不能局限于学校内部,教育时段也不能被限制于学校教育阶段。教育活动可以纵向贯穿儿童的一生,也可以横向渗透儿童生活的方方面面。

在杜威看来,儿童往往习惯于"通过一种'整体取向'实现学习最优化与新材料的内化"[3],因此有必要将儿童各方面的不同经验联系起来,将教育与生活联系起来,进而得以借由这些经验之间存在的天然联系共同为儿童的整体认识提供养料。而那种割裂儿童的思想与身体、理论与实践、社会与学校之间联系的做法是不可接受的。

以"完整儿童"观念为基础,克伯屈曾详细阐释"设计活动法"的理

---

[1] 马克思,恩格斯.马克思恩格斯文集:第1卷[M].中共中央马克思恩格斯列宁斯大林著作编译局,译.北京:人民出版社,2009:185.

[2] Hailmann W N. Four lectures on early child-culture No.3 of the Standard library of the American Froebel Union[M]. Milwaukee: C. Doerfinger, 1880:23.

[3] Stuckart D W, Glanz J. Revisiting Dewey: Best practices for educating the whole child today[M].Lanham: Rowman & Littlefield Education, 2010:193-194.

论基础及具体操作。该活动法认为，作为课程的各项活动必须以儿童的经验为依据，这些活动并非随意设置的简单游戏，而是有目的的教育课程。克伯屈认为这种活动既是生活的最佳准备，又是独具价值的生活本身。[①]

所以，用"完整儿童"观念来指导想象力课程的设计，必须遵循以下几个原则。

首先，要树立开放的大课程观。反对割裂学校与社会之间的联系，将课程局限于课堂。要走出校园的藩篱，积极创造和利用地域资源，凸显本土优势和地域特色，因地制宜，合理地开发校园周边的课程资源，使园本课程从校园延伸到校外，成为有益的补充和增长点。不仅要有显性的课程，还要有隐形的课程，不仅要有静态的课程，还要有动态的课程，不仅要有专门课程，还要有综合性课程……一句话，要用大课程观来培养"完整儿童"。

其次，不能为想象而想象。儿童作为一个完整的有机体，身体、精神和灵魂的成长可算是最基本的教育参照点，三重本质的共同发展应当被视作一个重要的教育目标。如今这三重本质又被细化为包括社会、情感、心理、道德、生理以及智力等方面的综合素养与能力。也就是说，设计想象力课程，我们不仅要关注儿童头、心、手的发展，更要注重其他能力的综合培养，不能为想象而想象。

最后，要重视活动的教育意义。对活动的关注是"完整儿童"观念在课程设计上的着力点，只有在活动时，儿童才是一个作为整体进行学习和行动的独特、完整个体。他们作为一个整体开展活动，作为一个整体获取经验，作为一个整体对外部环境做出回应。所以，不依赖活动而开展的想象力训练可能于事无补，也不利于儿童整体的培养。

---

① Kilpatrick W H. The project method[J]. Teachers College Record, 1918（4）:323.

三、课程设计的价值取向

在一定意义上，课程设计必须能够营造唤起儿童整合性体验的情境，要给予他们丰富的刺激，拓展儿童的认识途径，增强其学习的兴趣。而儿童的需要是他们学习的内在动力和驱动因素，也是儿童能成为学习和发展主体的深层动因。以"完整儿童"理念来设计想象力课程，同样要以儿童的需要为起点，通过营造愉悦的情境，来激发他们不断学习和持续发展。具体来说，有以下几个价值取向。

第一，珍视儿童想象的独特价值。儿童想象的自由自在，决定了这是一个不能被随意打扰的精神世界。幼儿沉浸在这个世界中，可任意地驰骋与飞跃，发出充满灵性的意向与表达，这不仅使他们自身得到了充分的满足，也帮助成人转变看待世界的方式。概而言之，在儿童毫不拘束地得以开启这扇"心灵之窗"后，万物皆可幻化出有意义的生命。

在儿童身上，想象既是需要，又是过程和结果。珍视儿童想象的独特价值，就是满足儿童学习的需要，引导他们获得好的结果。

在课程设计和活动上，首先不要去破坏它，不应该以务实或功利的目光去戳穿儿童想象中的所谓不合逻辑之处，试图将他们引到成人的视角上来。

教师还要学会用同理心去体察和关注儿童，留心他们对哪些对象感兴趣，从而引导他们开展有意义的想象。当然，儿童想象是不稳定的、不持久的，尤其是一些闪光的时刻、动人的创造很容易转瞬即逝，所以要鼓励或帮助他们记录下来，使其发挥持续的正向效应，激励儿童不断地想象、大胆地想象。

第二，提供儿童丰富的感官体验。儿童想象以再造性想象为主，说明这不是无源之水、无本之木，需要积累大量的表象才能更自由地实现。课程专家兰格威尔德（Martinus Jan Langeveld）认为，"首要的教育问题应该是：

对于儿童来说，在这样的环境中他们的经历和体验会是什么样子？"[1] 儿童是在感受、认识和探索的过程中，获得对自然美的体验、伦理精神和求真意识的统一。

所以在课程设计上，我们要为儿童创造条件，把儿童置于自然与生活之中，让他们多通道地感知外部世界，学会与自然和谐相处，学会从生活中汲取经验，获得发展。譬如带他们寻访街头巷尾、山川河流，陪他们观赏花花草草、鸟木虫鱼，与他们分享人文知识、自然规律和生活常识等。

如此一来，幼儿可随意拿取表象来生成自己的想象。在与表象的对话中，他们的想象能够被更迅猛地激发，所唤醒的审美表象也就更加深刻和鲜活，所创造的审美意象也更有震撼人心的力量。就像美国著名逻辑学家理查德·蒙塔古（Richard Montague）说的一样，"儿童仰看天上的浮云和地上的蚂蚁，都是学习"[2]。

第三，留足儿童想象的"补白"情境。儿童的想象没有受到经验和理智的束缚，只要受到一点激发，他们立刻就能生出一种新的想象，但这个过程是需要时间的。如果没有给儿童留足"补白"情境，想象的复合式创造、综合性反馈、连续性补足等过程便不能充分展开，想象的广度、深度和创新程度等也将大打折扣。

所以，想象力课程设计要始终保持开放性，以不确定性和"未竟态"来激发儿童继续想象的渴望。具体来说，就是要创设和利用好各种情境，激发儿童参与的兴趣，在此基础上生成有利于他们想象的新情境。这时，想象力课程就会成为一个充满流变的过程，能把生活情境与儿童想象紧密

---

[1] Van Manen M. Phenomenological pedagogy and the question of meaning[M]. In Vandenberg D. Phenomenology and educational discourse. Durban: Heine-mann Higher and Further Education, 1996: 39-46.
[2] 波伊尔. 基础学校——一个学习化的社区大家庭[M]. 王小平，等译. 北京：人民教育出版社，1998：45.

地联系在一起。

譬如在为幼儿讲读绘本时，就不应该去挤占儿童想象可以大施拳脚的地方，教师点拨后应在推动儿童想象的地方多停留一些时间。这样的"留白"与"补白"既照顾了儿童想象的自由自在性，又充分考虑了他们的认知差异。这种说与不说的平衡，完全要靠教师在课堂上根据儿童的反应来灵动地把握。当然，还要记得不要先入为主地给儿童灌输一些观念，如"狐狸一定是狡猾的"，这不利于他们天马行空地进行想象。

第二节 从表象到表征的飞跃

作为想象的基础，表象在儿童头脑中很早就出现了。但只有儿童开始准确地使用动作，尤其是用语言来表达自己的意思时，才可以客观地判断儿童表征（representation）活动的存在。

表征的意义是通过语言产生的。这里的语言不仅包含文字书写，还包含图画、声音、客体等象征性符号，也就是马拉古齐所说的"儿童的一百种语言"。它是儿童理解事物进程中的一个飞跃，意味着他们开始"从使用指示物到使用信号物"[①]。

现代认知心理学研究表明，儿童思维能力提高的根本原因不仅仅在于训练的多少，而是通过训练对大脑中的认知结构进行塑造。确切地说，就是儿童在学习或练习中所获得的各种知识，在他们的大脑中是如何表征的，这才是想象力能否提高的关键。

一、什么是表征

皮亚杰举过一个例子——

小女孩曾经看到村庄里旧教堂的尖塔上挂着钟，就向父亲提出了关于教堂钟的各类问题。后来有一天，她笔直地站在父亲的办公桌前，发出非

---

① 陈帼眉，邹晓燕. 幼儿心理学 [M]. 北京：北京师范大学出版社，2009：26-30.

常响亮的声音。她父亲对她说:"你知道吗?你是在打扰我!你没看到我在工作啊?"小女孩回答说:"别跟我说话,……我是教堂。"①

在这个案例里,小女孩明显地把日常生活场景转化为了游戏。她所看到和听到的有关教堂的信息被储存在自己的脑海里,当办公桌前的巨大声音响起时,瞬间被激活和再现,结合成一个新的场景——小女孩变成了教堂。皮亚杰用她的回答清晰、客观地解释了儿童想象是怎么发生的。

值得注意的是,儿童头脑中的表象很早就出现了。在认识世界、解决问题的过程中,一定会有表象的作用。但只有儿童开始准确地使用动作,尤其是用语言表达自己的意思时,才可以客观地判断儿童表征活动的存在。

"表征"一词具有"代表""表示"和"象征"的含义。从本质上来说,表征就是一种符号化的操作,将外物符号化呈现于心灵内部,即信息在头脑中的呈现方式。换言之,当有机体对外界信息进行输入、编码、转换、存储和提取等加工时,这些信息是以表征的形式出现在头脑中。

如果想象是先验的,那么表征一定是在掌握某种认知能力后才会出现。否则,知识就不能在大脑中以编码形式进行表征。所以,皮亚杰认为表征发生于1岁半至2岁,这段时间是感知运动功能发展阶段进入终结,表征功能智力发展阶段开始出现的过渡性阶段。

1岁前儿童的某些表现,可以显现出表征的端倪,但没有完全达到表征指标。如6个月的婴儿小车上经常挂着两个玩具鹦鹉,婴儿看见后,一般会做出摇动双腿的动作。这种动作非常短暂,但并没有伸手去取的意图。这里的动作或手势带有象征的意义,动作虽是外部的,但头脑中已经开始出现了内化的反应。

很显然,玩具鹦鹉不是一个能替代或指示另外一个物体的信号物,它

---

① 陈帼眉.学前儿童心理学(第2版)[M].北京:人民教育出版社,2015:208.

不具有象征功能，所以婴儿摇动双腿的动作不是表征。在巴甫洛夫（Ivan Petrovich Pavlov）看来，声、光、电、味等现实的具体的刺激，都可以归入"第一信号"，这是人与动物所共有的；而语言、文字等抽象刺激，则属于"第二信号"，那才是人类所独有的。

第二信号可以理解为是对第一信号的表征。它是独立于学习主体的外部信息结构形式，因为还没进入人的大脑，所以是一种外部表征，可以是一本书、一个游戏、一幅画等。外部表征的信息进入人的大脑后，会被重新加工和储存，也就完成了内部表征的过程，这就是心理学和认识论意义上的表征活动。

回到皮亚杰讲述的那个案例，教堂的信息是对教堂实体的外部表征，它以语言和图像为载体，是教堂实体抽象化的存在形式。办公桌前响起的声音虽然属于第一信号，但它激发了以语言和图像形式储存在脑海里的教堂信息，并完成了小女孩自我与教堂合一的表征过程，创造出新的形象。

根据知识的类型和提取方法，心理学家认为人类至少有四种心理表征：认知地图（cognitive map）、表象（presentation）、图式（schema）和心理语言（psychological language）。其中，认知地图是一种对综合环境经验的心理表征，主要反映空间关系；而当我们在想象某个人或某个东西时，心中就会出现相关的形象，这就是表象；图式是我们理解头脑中的概念如何相互联系的主要方式；而心理语言则分为形式表征和语义表征。

以"鸟"为例，人们的记忆系统里可能就会有不同形式的表征，譬如：关于鸟的定义，就属于心理语言范畴的语义表征；关于鸟的外形，就可能以表象来表征；而整块的知识则以图式来表征等。皮亚杰非常重视图式的表征作用，他把儿童的一切认知发展都解释为图式的发展。

二、认识的飞跃

作为对事物的替代和再现，表征一定要用象征符号或第二信号，所以有点类似语言的运作方式。英国伯明翰学派领军人物斯图尔特·霍尔（Stuart Hall）认为，"表征是通过语言产生意义。它有两个相关的意义，其一是表征某种事物，即描述或模拟它，通过描绘或想象而在头脑中想起它，在我们头脑和感官中将此物的一个相似物品摆在我们的面前；其二是指象征、代表或替代"[1]。

这里所说的语言，不仅包含文字、书写，还包含图画、声音等所有象征性符号，也就是马拉古齐所说的"儿童的一百种语言"。尽管儿童或许没有一百种语言可以使用，但马拉古齐强调的是他们有权利和能力运用除口头和书面语言以外的各种方式，运用各种材料了解周围的世界，表达自己的情感和思想。[2]

如几个儿童选择用可以理解的方式复述狮子抓羚羊的故事，有的儿童用声调、节奏和韵律的方式来表达动作，有的儿童用绘画的方式来表现蹲、扑、抓的顺序……他们会从动作、图形、绘画、文字、建筑、雕塑、皮影戏、拼贴、戏剧或音乐中找到自己想要表达的方式。

我们说，与表象连接的是指示物，而表征则需要信号物的存在，需要将一个信号物作为另一个信号物或替代另一个信号物。在皮亚杰讲述的那个案例里，办公桌前响起的声音是指示物，而脑海里的教堂信息就是信号物。信号物与指示物的区别如下。

---

[1] Stuart Hall. Representation: Cultural representation and signifying practice [ZM]. LA: Sage PublicationsLtd, 1997: 16.
[2] 爱德华兹，等.儿童的一百种语言 [M].尹坚勤，等译.南京：南京师范大学出版社，2010：200-210.

第一，信号物的前身是指示物，是带有"前表征性"的。在条件反射中，铃声是指示物，意味着食物的来临。而信号物是由事物之间的相似性构成的，如孩子将一块布、大衣领子、毛绒玩具猴子的尾巴当枕头，这些东西全都是枕头的信号物。

第二，信号物是代替物，是一种能被心理唤起的符号，而不是原来的物体。孩子拿着一张纸假装吃饭，说"好吃"。在这里，纸不是可以吃的食物，但它成了美味佳肴的代替物，因此纸也就成为"好吃"的信号。而指示物就是物体的原型，可以直接作用人的感觉器官。

第三，儿童对指示物的反应是直接的感觉运动反应，是一种外部反应。这是对当前事物的反应，这种反应为表征的出现做准备，属于知觉范畴。而信号物引起的反应是表象性思维，是一种内部反应。

我们可以这样理解，表征是指可以指代某种东西的符号或信号，即某一事物缺席时，它代表该事物，这就是信号物的作用。正因为信号物是代替物，可以摆脱物体而存在，是一种符号化的形式，所以儿童可以频繁地借助语言符号与象征符号来进行表征。一旦儿童从具体动作中摆脱出来，凭借象征格式在头脑里进行表象性思维，就会在认识事物上实现巨大的飞跃。

德国哲学家卡西尔（Ernst Cassirer）在其名著《人论》中指出："一个符号并不是作为物理世界一部分的那种现实存在，而是具有一个'意义'。"[1] 符号以其"非物理实在性"而属于文化的意义世界，成为人们建构意义和阐释世界的工具。因为，人类不能用"现实的桌子"去思考，而只能用"桌子的符号"去思考。

皮亚杰认为，儿童心理表征的主要表现形式是模仿和游戏，而模仿和游戏活动在一定程度上是表象的起源。例如：儿童对飞机的模仿意味着他

---

[1] 卡西尔. 人论 [M]. 甘阳，译. 上海：上海译文出版社，1985：72.

们对飞机的特性有了一定的了解。然而，他们在模仿飞机时，往往不能清楚地意识到自己在模仿，这说明这种模仿是一种心理表征活动，是一种连续的知觉运动。

换句话说，它是在表征水平上的内化模仿，在模仿活动中，儿童产生了"信号物"，从而开始了表征活动。这样的模仿是表征性模仿，不同于没有符号转化与结合的感性模仿。而且这种模仿是可以被理解的，因为它会依靠"语言"来进行表征。

三、表征与想象

知识在大脑中是以两种编码形式进行表征的，一是抽象符号表征，二是表象表征。想象就是人脑对已有表象进行加工改造从而创造出新形象的过程。这里的表象是指示物的反应，信号物又激发了想象，而这就是表征的过程。

表征发生的同时，还会出现以下几种新的行为模式。

（1）延迟模仿（deferred imitation）。它不是对面前的东西（原型）的直接模仿，而是原型消失后的模仿。如16个月大的女孩第一次看到一个孩子生气、大叫，孩子走后一两个小时，她就模仿这个场景，逗自己笑。这种延迟模仿是表征的开始，而模仿的手势是表征开始时的一种信号物。

延迟模仿提醒我们要注意想象的"后显性"，也就是说，儿童接受某种外部信息并进行表征后，不一定会马上开展想象。它发生的时间可能会相对滞后，这就需要教育者保持一定的耐心。

（2）象征性游戏（symbolic games）。又被称为假装游戏、想象游戏或者戏剧游戏。如孩子会让她的玩具娃娃打电话，而作为电话的替代者有时候是一块非常普通的积木，和电话并不像。她还会假装积木是玩具娃娃的食物，放到它的嘴里。

这说明儿童开始逐渐学会以一种创造性想象的方式使用一个明显毫无意义的物体作为替代物或在装扮中以不同于平常的方式来使用物体。象征性游戏的成熟形式是角色游戏，这时儿童会将他熟悉的人或场景带入装扮活动中，如让妈妈当自己的"孩子"。实践证明，经常玩象征性游戏的儿童在认知发展、语言技能和创造性表现方面都比很少玩的儿童更好。

（3）初期的绘画（early painting）。这是一种粗略的、描绘式的表象。儿童为了愉快而作画，绘画对他来说和象征性游戏相似。它的形式直接来自模仿，尽管客观上所画的图形非常不像样，但它反映了原型的表象，他在无目的地乱涂中很快就能够认出各种形象。

皮亚杰说："绘画是信号性功能的一种形式，它被看作象征性游戏和心理表象之间的中介。从它的愉快功能和终极目标来看，好像是象征性游戏，从它的力求模仿现实来看，又好像是心理表象。"[①] 所以，初期的绘画是一种示意性表述，是儿童用象征符号来表达他们知道的或记忆的形象。

（4）初期的语言（early language）。儿童可以用语言来"解决"当时不在他们面前的事情。如当一个小女孩看到一只猫从她眼前跑过去消失时，她会说"喵"来表示她有语言表达能力。不久，当小女孩看到爷爷出门走在斜坡上的小路上时，她指着小路说："再见，爷爷"，这时，语言的出现已经是一个信号物。[②]

很明显，初期的语言体现出儿童的思想和行动比成人更具有自我中心的性质。可以说，在社会化之前，儿童语言的最大作用是伴随和强化个人的活动，不是为了理解别人，也没有私密性。语言是为了"目的"，但他们的语言又无法完整地表达其目的。

---

① 皮亚杰，英海尔德. 儿童心理学 [M]. 吴福元，译. 北京：商务印书馆，1980：50.
② 陈帼眉. 学前儿童心理学（第2版）[M]. 北京：人民教育出版社，2015：194-195.

我们说，一方面这些新的行为是伴随表征活动而来的，另一方面它们也提升了儿童的表征能力，即用一个事物代表另一个事物的能力。推崇听课、读书等活动，也是因为与之相关的表征过程恰恰就是产生再造想象的过程，即对于已形成的表象经过大脑的加工改造后，创造出并未直接感知过的事物的新形象的过程。

表征的第一个系统，使我们对某物拥有一个具有个人"意义"的私人概念，但还必须依赖表征的第二系统，把第一系统的概念图与某个社会群体所共享的符号之间建立联系。换言之，表征先是把某物与我们的概念系统建立起联系，使我们知道了其意义，但只有我们知道。如果要变成社会的，为其他人所知晓，则必须借助第二系统。这个系统可以把"我知道"的概念翻译成为"知道我"的概念，即"把自己头脑中私人的概念，翻译成其他人认可的意思"[①]。

所以，如果第一系统的表征是个体表征，那么第二系统的表征就是社会表征，后者为个人与社会之间提供了一套符号，它们都有助于重塑各种知识在儿童大脑中的认知结构。一旦他们学会了用大脑中已有的熟悉的知识经验与抽象符号之间建立联系的学习方法，他们就提高了表征能力，发展了想象力。

---

① 刘海龙. 大众传播理论：范式与流派 [M]. 北京：中国人民大学出版社，2008：357.

第三节 三类表征方式概述

有学者指出，想象的四大要义是"想象即类比———纵情挪移""想象即猜测———形象演绎""想象即移情———身心投入""想象即主观———自我中心"[①]。它们都指向了表征活动，但不同类型的想象需要实施不同的教育策略。

在象征游戏中，主要通过"情景迁移、以物代物、以人代人"等方式来表征，它的特点是"替代"；而在文学想象中，主要通过"语言故事""绘画"等方式来表征，它的特点是"语言"；在艺术想象中，主要通过"图画""符号"等方式来表征，它的特点是"图画"。

通过象征游戏、文学、艺术等丰富多彩的表征活动，可以引导儿童内在表象的加工和转化，发展儿童的审美想象，深化儿童的情感体验，促进儿童想象的发展。

一、象征游戏的"替代"表征

上午晨间活动完回到教室，玥玥与星灵就一起玩医生的游戏，她们拿了一个青蛙玩偶当作她们的病人，玥玥对星灵说："我知道他得了什么病。"

---

① 刘绪源. 美与幼童——从婴幼儿看审美发生[M]. 南京：江苏凤凰少年儿童出版社，2014：80-111.

星灵拿了一个放大镜递给玥玥让她来看一下病人的嘴巴，玥玥看完之后说要给这个病人打针，打完针她们就可以下班睡觉了。又一会儿，玥玥拿着玩具听诊器放在了"病人"身上，跟星灵说这个"病人"发烧了，需要贴一个退烧贴，量了一下温度是38℃，星灵说那我们要陪他很久很久，到他好了为止。

在这个课例中，玥玥与星灵把在现实生活中看病的经历迁移到想象自己当医生为病人看病的情景中，并且使用了青蛙玩偶作为替代物。这类角色扮演的象征游戏体现的就是"替代"表征，儿童的想象由物的刺激引起。替代物与被替代物之间的逼真性越强，就越能引发想象，而且表现出来的行为也会越好。

当儿童在游戏中扮演某个人或某个事物时，如妈妈、医生、机器人等，他们的想象是无处不在的，具有很强的创造性。此外，他们还会用动作、物体或语言来代表某些事物或情境。

以色列心理学家莎拉·斯米兰斯基（Sara Smilansky）将不同形式的象征游戏分为两类：一类是建构性游戏（constructive play）。在这类游戏中，儿童会用真实物体构建一个预先计划好的物体，如用积木建造一座房子。另一类是表演和社会性表演游戏（dramatic andsocio-dramatic play）。[①]

皮亚杰认为从2岁开始，儿童就可以通过模仿并大量运用象征功能来进行象征游戏。这种游戏发生在儿童2岁到7岁，是一个逐步发展的过程。按照儿童在象征性游戏中表现出来的年龄特征，可以分为以下几个阶段。

第一阶段被称为自我导向的装扮游戏（self-directed dress up game），发生时间大概在1岁到1岁半。这一时期，儿童装扮行为指向的是自己，如模

---

① 莫拉维茨克，诺尔蒂. 儿童生活中我是谁：学前教育导论（第9版）[M]. 洪秀敏，等译. 香港：商务印书馆，2019：317.

仿妈妈喝水的动作，将杯子靠近嘴边，微微倾斜，吸一吸，然后发出喝水的声音。这些假装行为与自身的需求没有任何关系，只是一种自我游戏而已。

第二阶段是外在导向的装扮游戏（externally oriented dress up game），发生时间大概在1岁半到2岁。这时，儿童开始学会以一种创造性想象的方式，使用一个明显毫无意义的物体作为替代物或在装扮中以不同平常的方式来使用物体，如拿起几个小木块将它组合成手机形状放在耳边打电话等。

第三阶段被称为序列性的装扮游戏（sequential dress up game），发生时间在2岁到3岁左右。在这一阶段，儿童会用两个或两个以上的装扮行为反映一个主题，而且几个装扮行为具有连贯性。如给玩具娃娃吃饭，会先让娃娃坐在儿童餐椅上，还要戴好围兜，再喂饭。

第四阶段是角色游戏（role games），发生时间在3岁到6岁。与装扮游戏不同，这时儿童有了一定的角色意识，他们能够在模仿现实生活的同时，推断和想象装扮行为背后的角色身份。这种认识的提高反过来进一步增加了儿童角色游戏的连贯性和愉悦性，游戏也更加有意义。

总的来说，象征游戏反映出儿童对于环境建构的一种图式，是他们采用表征的形式把世界表达为以自我为中心的同化过程。[1] 它能够使想象力渐渐摆脱外部活动状态，并向内部活动转变。这种转变还会促使想象按照一定的构想展开，这就表现了创造的主动性。我们经常见到儿童仅仅摆弄几种玩具，就可以展开一场情节复杂的游戏。

而随着儿童年龄的增长，他们会对越来越多的事情感兴趣。游戏中对替代材料的需求也在不断增长，他们所需要的也随着游戏情节的变化而变化。因此，教师应根据儿童象征游戏的需要，提供大量的材料来支持他们的表现行为。这方面，低结构性的玩具更有助于儿童进行创造和想象的象征游戏。

---

[1] 刘宇. 儿童如何成为研究参与者："马赛克方法"及其理论意蕴 [J]. 全球教育展望，2014（9）：68-75.

二、文学想象的"语言"表征

听图画书《月亮的秘密》时,儿童对夜晚天空中不断变化的月亮充满了怀疑和好奇。"为什么月亮每晚都变?"老师没有直接说出原因,而是让他们猜测为什么,于是儿童展开了天马行空的想象——

Y1:月亮一定是一个小猪,她看到好吃的、好喝的就想使劲吃,结果就吃成了大圆饼,可是呢,她又很爱漂亮,又开始减肥瘦身,她又变成了瘦子。

Y2:因为月亮被天狗吃了,就变小了,天狗又吐出来了,月亮就变大了。

Y3:因为月亮有魔法,她会变身。

……

想象的第一要义,就是"挪移"。"挪移"的实质,就是类比。文学想象的表征特点在于摆脱当前事物,寄托那些在实际生活中不能实现的愿望。所以,儿童文学是儿童心灵的家园,它所表现和表达的世界不仅是与现实生活相邻的真实空间,更是与现实世界隔岸相望的幻想世界,它是儿童精神世界的反映和写照。

刘绪源认为,"想象是儿童理解文学作品、感受文学作品意境的桥梁""童话故事与想象几乎同体孪生,没有想象,就难以构成童话"[1]。儿童的大量想象活动依托于他们听到的故事,故事题材及内容对儿童展开想象活动至关重要。当然,想象也是儿童创编儿歌、故事不可或缺的一种思维工具。

儿童的文学想象主要通过"语言故事""绘画"等来进行表征,它与想象游戏最大的不同是符号的象征性和意义的开放性。其中,作为符号的语言代表了形式层面,而作为意义的文本则代表了内容层面。儿童会被文

---

[1] 刘绪源. 美与幼童——从婴幼儿看审美发生[M]. 南京:江苏凤凰少年儿童出版社,2014:36-40.

学故事中的人物形象、经历和事件所吸引和牵动，他们能够想象故事里的情形和结局，将自己融入故事中，更好地理解文学故事。

文学想象是在原有感性形象的基础上创造出新形象的特有的心理过程。在聆听、理解和感悟文学作品的过程中，这样的想象是愉悦的，能够让儿童有快乐的体验，反过来会促使他们更加喜欢文学想象。这时候，教师一定要对儿童的想象过程进行适当的分析和激励，从而帮助他们更加注重想象的方式。

一是要给儿童提供充足的想象时间，二是要为儿童的想象创造支架。当儿童说"我听完之后觉得很舒服"之类的话时，教师应继续问"哪句话让你觉得很舒服"或"为什么会让你觉得很舒服"，进一步来促进儿童想象。当儿童无法表达想象时，教师也可以根据儿童文学作品中的相关内容进行引导。

在评价的时候，要注意儿童的想象过程。例如在"云是什么样的"学习过程中，当儿童回答"云像棉花糖"时，老师追问儿童为什么认为云像棉花糖后，可以适当地进行点评——"从云的外观和味道看，云确实像棉花糖"，这样肯定性的评价可以帮助儿童更加注重想象的方式。[1]

口头叙述是儿童文学想象表达的重要形式之一。在文学欣赏的过程中，儿童经常用口头语言来表达他们的文学想象。因此，要为儿童提供更多的口头表达文学想象的机会。当然，也可以通过游戏来表达他们的文学想象力，儿童游戏具有幻想性的特点，这种幻想性通常是在欣赏文学作品的过程中习得和出现的。

特别是在表演游戏中，儿童可以从文学作品中再现文学想象，获得情感满足，进一步拓展想象力，展示对文学作品的创造性想象。这时候儿童

---

[1] 李莹，肖育林.学前儿童文学（第3版）[M].上海：复旦大学出版社，2014：60-180.

的口头语言和游戏往往表现出生活想象的一般性，具有即时性的特点。此外，绘画和戏剧也能为儿童提供一个增强文学想象力和表现力的平台。

与小班儿童相比，中班儿童的语言表达能力有了很大的提升，生活经历更加丰富，掌握的知识面也更加广阔。在仿编过程中，他们能够比较自然地把自己的生活经验或相关知识迁移到故事中，创编的角色往往是与他们生活紧密相关的人物或动物，如爷爷奶奶、爸爸妈妈、家里养的宠物等，甚至动画片中的人物角色都可能走进儿童的故事世界。随着创编故事能力的增强，他们还可以延续故事。

三、艺术想象的"图画"表征

校园里的落叶非常多，跟儿童讨论落叶都可以用来做什么呢？有的儿童说可以打"雪仗"，有的儿童说可以把树叶捡起来放在教室里。于是，教师开展了一堂树叶粘贴画活动。儿童把落叶围成小狗、小鸟、小鱼、小花还有大象，有的儿童把树叶剪成小女孩粘贴起来（见图3-1）。

图 3-1 儿童的树叶粘贴画

艺术活动能实现儿童精神需要的满足，它以活动过程的体验为目的。在艺术想象中，儿童使用最多的表征是音乐中的肢体语言和美术中的画画。换言之，儿童的艺术想象主要是通过"图画""符号"等表征出来的。通过画画来描绘世界的各个方面，是儿童艺术活动中非常关键的符号运用方式。

在秋天落叶的想象画中，儿童根据自己的想象画出了不同类型的落叶。值得注意的是，儿童画出的落叶颜色大同小异，但他们画出的线条却是截然不同的，都是按照自己的想象，并使用不同的象征符号画出来。这说明他们在表征外部事物时，容易与颜色等强刺激物达成一致，而在线条等弱刺激物上则往往放飞想象。

绘画中的线条和图形均指向外在的客观事物，是可以被解释并能生成意义的"再现体"。所以，现实生活中客观存在或者想象中的物体总能够被儿童以图画的形式来表征。他们通过在绘画中运用象征符号，来传达对景物的理解、喜欢以及想象，并通过这种表达形成意义。但儿童所画的景物并不是房屋、树木的总和，而是景物的相似特征被转化成了第二维的语言。

在接收儿童的符号表达时，听者经常会在头脑中形成"解释项"，由此儿童象征符号的行动过程就完成了。在这个过程中，儿童头脑中的线条和形状仅"代表"现实生活中的物体。有学者就认为，"表征的核心是用特定的媒介创造等价的物体，所画的形状在结构和动力学上与物体相对应，而不是对物体的精确描写"[①]。

通过图画表征，儿童完成了艺术想象，而艺术想象是艺术创作的第一步。它使儿童的艺术活动不仅停留在对客体感性形式的直观感受上，而且能更深刻地感受客体感性形式所蕴含的丰富的内在意义。

"蝌蚪人"是最早以绘画形式出现的儿童象征符号形象，是这一时期儿童画的典型代表。在这种象征符号里，圆圈代表头，线条代表腿。有时，儿童也会拼凑许多基本符号来表征他们在周围环境中所看到的一些事物。

---

① 赵毅衡.符号学：原理与推演（修订本）[M].南京：南京大学出版社，2016：121-135.

比如，用一个圆圈和竖线来代表一棵树，用一个三角形和两条竖线代表一所房子等。美国心理学家格罗姆（Claire Colomb）认为，儿童在创造了属于他们自己有意义的象征符号之后，接着就能在绘画中理解其他人的符号。[1]

所以，活动中教师要为儿童提供丰富的原材料，来发展他们的艺术想象。这些材料主要来自三方面：一类来自生活，一类来自他人的艺术作品，还有一类则来自儿童自己的艺术活动经历。无论给儿童提供什么样的体验，在艺术活动中都要注意其审美特征，要充分调动图画表征。只有这样的体验才具有生成性和创造性，有利于儿童的艺术想象。

北宋绘画理论家郭熙有言："山欲高，尽出之则不高，烟霞锁其腰则高矣；水欲远，尽出之则不远，掩映断其流则远矣。"[2]它的意思是不要将山顶和水的源头全都画出来，因为这没有想象，只有无尽的遐想才能让山显得更高、水流得更远。教师也要鼓励和帮助儿童通过自己的情感输入和启发性的语言描述来表征外部世界的景物。

童年时期，在儿童精神世界占主导地位的是充满情感的想象。想象必须以情感动机为前提，因为它是一种需要，一种欲望，一种不满足的冲动。因此，教师应该注重从儿童的情感体验开始，增强他们对于世界的感知力，这个情感体验过程也是儿童艺术想象力不断发展的过程。

---

[1] 格罗姆.儿童绘画心理学——儿童创造的图画世界[M].李甦，译.北京：中国轻工业出版社，2008：3-11.

[2] 郭熙.林泉高致[M].鲁博林，编.南京：江苏文艺出版社，2015：36.

第四节　基于事件的想象力课程

现在越来越多的人认为，幼儿园课程是儿童生活经历的一部分，而不是过去那种专门组织的"课"。也就是说，幼儿园课程的核心本质是幼儿在园亲身经历的经验。这里有三个关键词：一是"在园"，它表明课程中教师的存在，教师要为儿童创设教育情境；二是"亲身经历"，它指儿童在即时性的情境中主动、积极地建构；三是"经验"，也就是与情境互动的结果。

这种有教育意义的生活经历集合了象征游戏、文学想象和艺术想象等多种元素，具有游戏性、生活性和启蒙性等品质，能带给儿童丰富的替代表征、语言表征和图画表征等，因此它是有利于解放和发展儿童想象力的。在生活世界中，学前儿童不像中小学生那样有着考试的压力和困扰，能够真正地打开心灵、放飞梦想。

所以，苏联教育家列·符·赞可夫（Л.В.Эанков）认为，"生活拓展了课程的内容，使我们的课堂活动变得更加广阔。在课堂上跟教师、同学交谈自己的想法，和在校外偶然听到别人的谈论并不是一回事。如果真正的、广阔的生活冲进教室的门而来到课堂上，教室的天地就广阔了"①。

---

① 赞可夫，杜殿坤. 课堂上的生活 [J]. 教育研究，1980（1）：17-20.

一、"羊课程"：把事件变为课程

幼儿园里来了两位特殊的客人——羊，一只大，一只小。小朋友们每天都要围着羊圈看了又看，小羊"咩咩"叫着，小朋友们也兴奋地跟着一起"咩咩"叫，羊圈成了幼儿园最热闹的地方。关于羊，幼儿们提出了许多有意思的问题：羊叫什么名字？羊有哪些种类呢？羊驼是羊吗？羊喜欢吃什么？羊需要过冬吗？羊生病了该怎么办？为什么小羊没有羊角？为什么小羊总是跑出来？……

这是发生在幼儿园里一件很普通的生活事件，但它有明显的课程价值，主要体现在以下几个方面。

第一，可以激发兴趣和需求。由于现在的孩子大多生活在小区高楼里，不曾近距离地接触和观察羊，更没有养羊的经验，他们对羊的所有经验都来自动画片或绘本。因此，当幼儿园来了两个"不速之客"后，他们充满了好奇和新鲜感。特别是中班孩子，他们往往把小动物当成亲密的伙伴，或怀抱动物玩具，与其为友，或聆听动物故事，与其对话。每一次接触，都会驱动幼儿产生许许多多的问题。

第二，能调动和培养想象力。想象的前提是情感。以情感体验为创作动机，可以提高儿童对周围环境的感知，积极表达对外部客观世界的主观认识，发挥想象力进而创作。在好奇和新鲜感的基础上，孩子们很自然地会对羊产生喜爱、怜惜、亲近等各种情愫。这是想象力的催化剂，并通过自己动手来进一步发展。

第三，使学会学习成为可能。为了搞清楚两个"不速之客"，幼儿们自觉地进行探索、研究，学习不同羊的外形特征、生活习性、生长环境等许多知识。在此基础上，还延伸出"我与山羊"的故事，如山羊看病、我为山羊做点事等。在这个过程中，不仅实现了学前教育五大领域知识的融通，还学会了观察与收集资料，学会了探究。这样的学习过程就不再是照本宣科，而是在生活中发现、在过程中感悟，经历了知识形成并充分体验知识魅力的过程。

第四，有助于实现育人功能。这样的学习探究会不断地深入专业领域，尤其是穿插其中的谈话活动与辩论赛，不是一个幼儿依靠其个体知识和学习行为就能顺利完成的，必须依靠同伴协作，更需要教师、专家和家长等指导者的协助。在这一协作交往的过程中，可以帮助幼儿学会理解与宽容，用审美的眼光去欣赏同学、老师和父母，发现世界与生活的美好，用热情与责任去对待生活中的每一件事。

朱永新教授指出："卓越课程强调课程内容的当时、当地，将知识、经验变为体验和历程；教者的入境、入情、入理，将体验变为生命的碰撞、师幼彼此的启迪，从而活动相长。"[①] 正是基于这样的考虑，我们注意发现和收集幼儿感兴趣的问题，并进行了梳理与整合。在此基础上，制定目标、构建主题网络图，把一起生活事件转变、创生出"我与羊羊的那些事儿"系列想象力课程（见图3-2）。整个课程共分"外形特征""生活习性""我与山羊"三大主题，分别采用了自主游戏、讨论活动、谈话活动、辩论赛、观察活动、绘本阅读、亲子调查等活动方式。

在这样依循儿童兴趣建构的课程里，他们的一切活动都是自主自发的，活动本身就是目的。所以，儿童绝不只是直观地实现了头脑的、双手的、眼睛的、嘴巴的、空间的、时间的"六大解放"（陶行知语），更重要的是儿童可以从成人世界强加给他们的束缚中挣脱出来，成为心灵完全自由和精神彻底解放的人。"儿童正是作为一种精神上的存在而不仅仅是肉体上的存在，才给人类的发展提供了强大的原动力。"[②]

---

① 朱永新.研发卓越课程充盈教育生活 [J].中国教育科学，2014（2）：151.
② 蒙台梭利.童年的秘密 [M].金晶，孔伟，译.北京：中国发展出版社，2003：2.

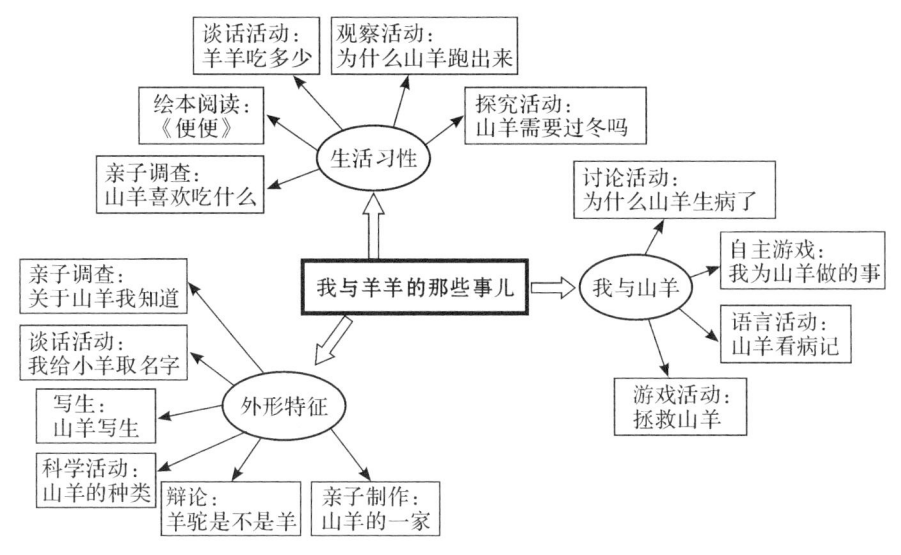

图 3-2 "我与羊羊的那些事儿"想象力课程结构

实践证明，脱胎于生活事件的"羊课程"不仅深受幼儿的喜爱，也拓展了他们的学习领域，不仅满足幼儿的学习需求，也唤醒了他们的生活经验，更进一步提升了教师的园本课程开发能力，密切了家园之间的联系。

二、统整性：从割裂走向融合

《指南》和《纲要》明确要求，在学前教育领域推行健康、语言、社会、科学、艺术五大领域融合的活动模式，用故事启迪孩子心灵，实现幼儿五大领域的平衡发展，让孩子在快乐中成长。而围绕某一主题，打破学科之间的界限，将各种学习内容有机联系在一起则是必由之路。

一般来说，儿童生活是从内在的生物性开始的，通过天性发展的指引，又受到外在环境的影响，接受社会文化的熏陶，逐渐地由无意识向有意识发展起来，想象也随之而不断地丰富起来。这就要求教育者必须把本来有内在联系却被人为分割的课程内容重新整合为一体。这种统整是指"有系统的整体性及其在系统核心的统摄、凝聚作用，而导致的是若干相关部分或因素合称为一个新的统一整体的建构、序化的过程"①。

毫无疑问，幼儿园里的生活事件作为素材性资源，经过主体改造之后直接进入课程，可以辅助教师更高效地开展教育活动。正像加拿大教育学者大卫·史密斯（David Smith）所说的一样，"把课程当作'事件'则在某种意义上趋向于课程的统整，至少是情感、意志与认知的统一，过程与结果的统一"②。他还认为，假使课程统整的想法有所谓的关键性事件，则非此莫属。

学科领域按知识之间的内在逻辑联系来组织课程内容。当幼儿园课程中的主题过多地来自学科领域时，可能会造成几种学科领域知识的简单拼凑，甚至是割裂。而事件课程在内容上，是质与量的统一，也是各个领域的统一。以"我与羊羊的那些事儿"为例，教师巧妙地设计了一个"羊羊吃多少"的谈话活动，让幼儿在喂养山羊的过程中，先后经历了提出问题、给羊称重、食量换算、制定食谱等多个事件，以一系列事件课程的开展，实现五大领域的融合（见表3-1）。

表3-1 "羊羊吃多少"谈话活动分析表

事件	内容	涉及领域
产生并提出问题	山羊每天一共要吃多少食物	语言
家长辅导下上网查阅	知道了羊的食量等于羊体重的8%	社会
给羊称重和食量换算	得出小羊一天的食量大概在300克左右	科学
小组讨论和集体投票	将喂食时间约定为三个时间段	社会、语言
给羊制定食谱	绘制不同的符号显示小羊需要每天吃不一样的食物	艺术
健康饮食讨论	由小羊饮食的营养均衡延伸到自己的健康饮食	健康、语言

---

① 黄宏伟. 整合概念及其哲学底蕴 [J]. 学术月刊，1995（9）：81.
② James A. Beane. 课程统整 [M]. 单文经，译. 上海：华东师范大学出版社，2003：32.

与此同时，传统的课程过于强调结果，而忽视获得知识、技能的过程。而"我与羊羊的那些事儿"园本课程则始终强调以问题来驱动幼儿的学习，以问题的产生作为活动起始，以问题的解决作为活动过程，以结果的反思作为活动收尾。事实上，从主题选择到材料准备，再到方案选择及活动实施与评价，幼儿几乎参加了全部过程。可以说，在事件课程里，幼儿的主体性得到了最为充分的体现。

像我们设计的《便便》绘本阅读活动，按照以往的活动方法，就是直接让幼儿上手阅读，随后老师针对难点或易错点等进行讲解。而纳入"我与羊羊的那些事儿"园本课程后，这一活动就改由教师带领幼儿观察山羊大便导入，"为什么山羊大便是圆溜溜、黑色、一颗一颗的"等问题油然而生。"问题—探究"过程的加入不仅提升了孩子后续绘本阅读的兴趣，也会促使他们开展横向的联想与深入的思考。

事件课程的统整性还体现在幼儿从以往一个被动的受教育者转向如今课程开发的参与者。不可否认，教师是"我与羊羊的那些事儿"园本课程的主要开发者。必须指出的是，课程开发的方向是由幼儿"决定"的，他们对山羊的什么外形特征和生活习性感兴趣、他们又提出了怎样的疑问等，才是课程开发的出发点和落脚点。

所有与之相关的情境创设、材料投放也要以此来设定。从这个意义上来说，原来单一的课程计划变成了多样的、开放的方案，机械的、僵化的传授变成了复杂的、灵活的沟通，幼儿的语言、行动以及他们制作的图像等也成为课程素材性资源的重要组成部分。这个过程已经潜在地把幼儿视为课程开发的合作者，教师的独一性被消解了。

三、三策略：打造想象力课程

课程里的生活事件并非日常生活的简单再现，而是对生活事件的提炼和升华。每天发生在幼儿园里的生活事件不可胜数，如何去发现和辨识那些富有教育意义的事件，然后有目的地加以改造，从而提升儿童的想象力，需要幼儿教师把握以下三方面的策略。

（一）兴趣策略

受年龄特点的影响，幼儿的学习专注力明显不够，因此只有通过直接的兴趣吸引和导向，以寓教于乐的方式，才能提升幼儿的认知能力。生活事件之所以能吸引幼儿的注意力，主要在于它是以活动的而非静止的、以生命性载体而非物理性载体为呈现方式，而这种呈现方式更容易被幼儿所感知与认同。

以往的一些主题就是过于关注过去、关注成人的生活，没有反映现实的、幼儿的生活，往往就难以为他们所接受。反之，只有与幼儿相关的事件，才能真正引发他们的学习兴趣。就像蒙台梭利所说的一样，儿童主要是靠自己的力量来使自己长大成人，"是儿童自己从周围世界中吸取材料，是儿童用这些材料造就未来的人"[①]。

"我与羊羊的那些事儿"园本课程所遴选的一些事件也是如此。山羊的外形特征是最直观，也是最容易吸引幼儿学习兴趣的。所以，任课教师通过倾听幼儿之间的交谈，采集信息，根据他们的兴趣和需求特点，由高到低，设计了"我为小羊画个像"的美术活动，组织了"小羊有哪些兄弟姐妹"的科学活动和"我为小羊取个名"的语言活动，并通过"羊驼是不是羊"的辩论赛，把与之相关的观察、讨论、思考等推向深处，实现了课程由浅入深的进阶。

（二）情境策略

活动认识论主张将客观知识打开，让学生通过简约经历知识发生的过

---

① 蒙台梭利. 吸收性心智[M]. 魏主贝，译. 台北：台湾桂冠图书公司，1994：21.

程，试图在认识和实践之间寻求平衡。[①]事实上，只有将知识置于具体的语境中，从实践的角度去重新考查知识，才能达到对知识的全面理解。在筛选生活事件作为课程素材资源之后，我们不能将它们直接摆在幼儿面前，照本宣科地进行介绍，而要有目的地创设活动情境，让每个孩子都有强烈的"涉身感"与"卷入感"。

我们在开发"我与羊羊的那些事儿"园本课程时，特别重视让幼儿成为环境创设的主体。在"关于山羊，我知道"的主题活动，教师就留白了一面"羊的生活习性小知识"主题墙，幼儿可以将在生活中观察到的羊的生活习性，用自己的方式记录下来，然后展示在主题墙上；走廊的一排挂钩上，则会悬挂各种羊喜欢吃的绿色植物和蔬菜。此外，幼儿还可将自制的小羊故事书投放在阅读区，在美工区画画或制作各种卡通小羊等。

在喂羊的过程中，幼儿们发现山羊最喜欢吃的还是草。因此，在教师的鼓励下，他们在种植园里种下了容易存活且适合在幼儿园里生长的麦冬草。如此，通过积极营造仿真的活动情境，尽可能地还原生活事件的本来面目，让环境更好地为课程服务，让沉浸其中的幼儿得到平衡而又充分的发展。

（三）整合策略

生活事件本身并不是为课堂活动准备的，最初它只是以一种原始的社会实践活动而存在，在其进入课堂前，必须要经过适当的整合。教师需要从办园理念的大背景下进行审视，特别是与单元主题活动等紧密联系起来，结合幼儿的经验、学习特点等，将生活事件中真正有教育价值的因素筛选出来，使事件课程成为幼儿园特色育人的有效组成部分。

通过主题审议，我们认为"幼儿园来了两只羊"这一生活事件可以帮助幼儿直观感知各种动物的外形特征与生活习性，用他们喜欢的方式来表

---

① 王策三.教学认识论（修订版）[M].北京：北京师范大学出版社，2002：232.

达对动物的关心与爱护。这一课程目标与幼儿园基础性课程——"完整儿童活动课程"里的主题活动"动物乐园"有很多交集点，只要稍加改造，就能创生独特而又富有活力的想象力课程。

但如果整个开发过程不科学、不恰当，可能会使事件课程既冗余又主题涣散，不利于达成既定的活动目标。所以，我们进行了大刀阔斧的整合，如减少动物科普绘本阅读，只把《便便》作为绘本阅读的重点；剔除唱动物儿歌和戴动物头饰的角色扮演，改为更受幼儿欢迎的写生、喂养、种植等，以此来确保"我与羊羊的那些事儿"课程的活动主题始终统一，不蔓不枝，真正保护幼儿的学习兴趣，重视幼儿的学习需求，突出幼儿的学习过程，使幼儿在这样接地气的课程中学会想象、乐于想象。

第四章 想象力课程的活动

第四章 想象力课程的活动

课程是幼儿园一切活动的总和。想象力课程包括显性的课程，如一日常规的各项活动以及像仓前云帆幼儿园开发的基于生活事件的主题课程群等；也包括隐性的课程，如幼儿园的物质环境、制度文化、人际关系等。这些课程的实施，丰富了儿童的表征，激发了他们的想象力，也就达到了活动目标。

可以说，课程是水、是木，没有课程，活动就成了无源之水、无本之木。反过来，再好的课程也需要借助有效的活动载体，才能完成预先设计好的活动目标。

近年来，仓前云帆幼儿园主要借助游戏体验、文学表演、艺术表达以及创客制作等四方面的活动创新，促进儿童的替代、言语和图画表征，达成想象力课程所预设的活动目标。目前，每个活动路径都形成了包括概念界定、实施流程与操作要点在内的方案，它们组合成为指向现代儿童想象力发展的幼儿园创新实践。

第一节 游戏体验引导乐想

游戏是一种自由的、超功利的、能引起正向情绪的活动。我们无法强迫某个人在特定的时间和地点，去参加某个特定的游戏。没有发自内心的服膺，那样的游戏是被异化了的游戏。只有当人们的愿望无法得到满足时，游戏才会登场，人们往往会通过这种方式来实现替代性满足。又因为在游戏中达成了现实无法满足的愿望，游戏带给人的体验总是快乐的。

在苏联心理学家列弗·维果茨基（Lev Vygotsky）看来，游戏是儿童发展的第一所学校，游戏对儿童发展的价值要高于教育对发展的价值。他说："游戏创造出了儿童的最近发展区。在游戏中，儿童所作所为始终超出他的平均年龄，超越他日常的行为；在游戏中他似乎是比他自己高出一个头。"[1]

所以，教师要有目的地观察幼儿游戏中的想象行为，在此基础上，根据不同游戏的特点，对幼儿游戏中的想象行为及时进行指导，如提供富有想象力的游戏材料，提供充足的游戏时间与空间，通过设问、分享、交流等鼓励幼儿进行积极的探索，让他们运用各种替代表征来丰富游戏情节，促进想象力发展。

---

[1] 维果茨基. 社会中的心智：高层次心理过程的发展 [M]. 蔡敏玲，陈正乾，译. 台北：心理出版社，1997：141-163.

一、概念界定

　　游戏体验是以游戏情境交往、体验为内核的一种想象力活动。它以材料替代想象为基点，在游戏体验中，儿童想象无处不在，他们会运用物体替代即自主假想材料的玩法，自主设计游戏内容，自主设定游戏规则。所以，他们的创意潜能得到充分张扬，创意的行为外化得到充分彰显，在愉悦的游戏中不断开启创意天地，体验游戏乐趣。

　　人们最为熟悉的想象性游戏应该是"娃娃家"了，这个"你来装爸爸，我来扮妈妈，给怀里抱着的假娃娃看病、打针，围着塑料的锅碗瓢盆给家里人做饭"的游戏，被一代又一代的孩子不厌其烦地认真进行着。游戏的内容都是儿童在日常生活中经历过或者看到、听到的，但他们很少有机会真正地去触碰那些锅碗瓢盆，行使"当家长"的权力。

　　想象性游戏的一大特征就是主体性，即它只能在一定的情况、环境下被激发，而不能像其他游戏、活动一样被教授。我们经常会听到老师们这样的问话，"这像什么呀？"但还没等孩子的脑筋和想象转动起来，老师已经接下去说了，"是不是像……啊？"这样的问答出发点可能是引导儿童自己去想象，但实际上不仅没有达到预想的效果，反而会让孩子怀疑自己的能力。

　　主体性原则要求教师在带领儿童开展游戏体验时，必须充分尊重他们的游戏自由。游戏环境越自由，游戏在促进儿童想象能力的优势就越能充分显现。反之，如果环境不自由，教师对他们的限制太多，那么儿童就会压抑自己的愿望，不敢展现真实的自我，不敢放手对世界进行深入的互动、探索和尝试，就很难建构一个属于自己的想象世界。

　　玛丽亚·蒙台梭利（Maria Montessori）直言，"在一个自由的环境中，即在一个适宜他发展的环境中，儿童的心灵自然地得到发展，并自动揭示它的秘密。只要坚持这条原则，那么，所有的教育努力都不会更深地陷入一种无止境的混乱之中"[1]。所以，教师要做的就是尽量减少影响儿童自由想象的各种障碍，将他们从遮蔽中解放出来。

想象性游戏还有一个特点就是经验性。换言之，它是建立在儿童已有经验的基础上的，并可以理解为是对已有经验的夸张与变形，因此往往会超出成人思维中的逻辑、理性的考量。像两个小女孩在玩王母娘娘的角色扮演游戏，一个问王母娘娘最喜欢看什么戏？另一个回答说："最爱看天鹅湖。"

王母娘娘与天鹅湖完全是风马牛不相及的事，但它们却在儿童的想象性游戏里得到了统一。这里无关常识和逻辑，也没有对与错之分，纯粹是儿童从自己的经验出发得出的结论。或许这也是想象性游戏特殊的魅力所在，它并不存在一个大家可以期待的共同目标，其乐趣在于游戏过程中的丰富多彩、因人而异与不可预见性。

像"娃娃家"游戏，每个孩子玩的时候并不都是按照某种规则来进行的，合作完成的娃娃家游戏最多也只涉及角色的分配问题，每个孩子要如何来完成自己的角色内容，完全是按照他们自己的意愿进行的。所以，想象性游戏实际上就是游戏者与自己的大脑之间的游戏，脑袋里的表象有多少，游戏的内容就有多少种可能。

在想象性游戏中，儿童把小木棍当成一匹马，搬几个小凳子拼接成一辆小火车，都是对生活经验的改造。这时他们的意识有了相对的自主性、主动性，能够"随心所欲"地驾驭自己的经验。也就是说，在游戏中，事物本身失去了决定性的力量，儿童的行动完全出于自己的想法或意念，而非事物本身。因为想象，才制造了视觉世界与意义世界之间的距离，并将

---

[1] 蒙台梭利.童年的秘密[M].单中惠，译.北京：中国长安出版社，2010：123.

视觉世界转化成意义世界。

所以维果茨基认为，想象让儿童在意义的世界里"游戏"视觉世界，使视觉世界与经验世界共同"栖息"于儿童的世界。通过想象，儿童不仅能改变事物，还能改变自己、发展自己和实现自己，把自己改造成更有远见的人。[1]

二、实施流程

游戏虽然是自发的，但作为活动的游戏体验却是有目的、有计划的。要想给幼儿高质量的游戏体验，就必须注意科学安排整个实施流程。游戏体验的实施流程包括投放材料、聚焦观察和支持引导等三个环节（详见图4-1）。

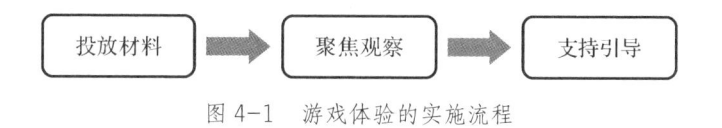

投放材料 → 聚焦观察 → 支持引导

图4-1 游戏体验的实施流程

其中，材料是幼儿游戏的工具和物质基础。有了材料并将它们配置起来，幼儿才能够开展游戏，所以它也是影响幼儿游戏体验质量的关键。《指南》明确提出，要给幼儿提供丰富的材料和适宜的工具，支持幼儿在游戏过程中探索并感知常见物质、材料的特性和物体的结构特点。

儿童对事物的认知都是建立在已有经验基础之上的，他们对活动中出现过的类似内容会进行经验的迁移，容易激发想象。所以，在材料的选择上，要注意选择丰富多样、灵活可变且具有暗示性的材料。如小班"停车场"的材料，由于儿童已有点、数对应的经验，因此他们看到汽车上的数字，马上就会将汽车放在相应的点上。

---

[1] 庞维国. 维果茨基的创新观述评 [J]. 全球教育展望，2010（4）：21-26.

同时，也要注意材料投放的层次性，比如用贴在材料上的五角星的数量来暗示材料的难度系数，星星越多则难度越大，暗示幼儿可以从易到难，不断地挑战自我。这种星级评定的暗示手法能充分调动幼儿的积极性，使游戏进行得更为持久。另外，也可以通过任务的变化，来不断地提高幼儿处理材料的复杂程度，以促进他们的综合能力。

教师对幼儿在游戏体验中的行为观察也至关重要。艾莉森·克拉克（Alison Clark）把这种观察描述为"倾听"（listening），认为"倾听"包含幼儿听到、解释和建构意义的积极的交流过程，且不限于口头语言。[①] 教师需要树立支持幼儿在游戏中想象的观察目标，同时有目的地观察幼儿游戏中的想象行为。只有聚焦幼儿想象行为，教师才能洞悉幼儿游戏中的创意需求，才能清晰幼儿游戏中存在的想象，才能为引导幼儿更高水平、更富有想象的游戏奠定事实基础。

观察必须立足三方面：一是材料上的创意利用，二是规则上的创意改变，三是内容上的创意生长。按照马赛克方法，可以细化为：①观察，叙事记录；②儿童访谈，简短的、结构化的访谈，以一对一或小组形式进行；③拍照和图书制作，儿童把自认为"重要的事物"拍下来，并从中选出一些制作成图书；④幼儿园之旅，由儿童主导并记录的旅行；⑤地图制作，儿童用自己的照片和图画来制作某个地方的二维地图；⑥访谈，对实践者和家长做非正式访谈。

虽然游戏体验的主动权在幼儿手中，但教师也不能袖手旁观，要在充分了解和理解儿童游戏的基础上，运用智慧的引导策略，支持并扩展幼儿的游戏和经验建构，有效地促进幼儿在游戏中的想象力发展和多元化成长。

首先，要讲究引导的时机。当游戏出现不安全的因素时，教师要及时

---

① 艾莉森·克拉克. 倾听幼儿——马赛克方法 [M]. 刘宇，译. 北京：中国轻工业出版社，2020：10.

制止并帮助幼儿协调。如果幼儿在游戏中遇到困难、挫折，不自信而即将放弃游戏时，教师也要进行正确的指导并帮助幼儿最终获得游戏成功的体验。另外，当幼儿主动寻求帮助或邀请教师去他的游戏时，适当的引导也不可或缺。如可以提供解决问题的建议或方法，给予适时的鼓励和肯定，以保护幼儿对游戏的兴趣。

其次，支持引导要有策略。一是顺应。建构游戏要多尊重幼儿的意见和想法，使游戏内容更加迎合幼儿的心理需求。二是参与。根据游戏的进展过程，教师要处理好支持者、引导者、合作者的关系，随时转换自己的角色，成为幼儿的玩伴。三是支持。游戏中，教师要理解幼儿的游戏行为，重视幼儿的自主原创，为他们提供一个充分自主和开放的互动游戏环境。四是等待。游戏体验的质量好坏很大程度上受到幼儿建构水平的制约，这需要时间，需要"重复"，教师必须给予幼儿"重复"的时间，等待建构水平的提升。

像"美食广场"的角色游戏，教师就可以以顾客的身份参与游戏，在买卖交流的过程中，一方面丰富孩子的游戏情节，另一方面也吸引更多的孩子来参与游戏，让教师从被动的"教"中脱离出来，有更多的时间去关注幼儿在游戏体验中的状态和发展情况。

三、操作要点

第一，创设利于幼儿自主游戏的空间和材料。

在开放的空间中，幼儿的游戏交往和体验会更加自主。投放的材料越原始、越有挑战性，越会促使幼儿在游戏中使用替代物。而使用替代物的过程能激发幼儿的替代表征，引发他们对材料的探究与想象，丰富游戏情节，从而促进想象发展。

仓前云帆幼儿园的艺体游戏深受幼儿喜爱。剪纸馆、花艺馆、编织馆、纸塑馆等四个馆在材料投放上也非常有讲究。

一是材料投放数量比较多，品种比较丰富、多样化，给予幼儿更大的选择空间。教师也比较注重生活中废旧材料的利用，如在剪纸馆中投放了很多的纸板、废旧的 KT 板、纸盘、包装纸、蜡光纸、报纸以及卡纸等。

二是材料投放的灵活性。幼儿的发展有个体差异性，能力也有不同，这就要求教师在材料投放上注意灵活性，让不同能力的孩子都能玩得开心。如花艺馆中对于菊花的制作，同样是运用彩纸，教师就提供了剪细条内卷粘贴、画波浪线剪细条制作和正反连续折叠制作等三种制作方法。

三是材料投放的层次性。遵循幼儿学习的特点，循序渐进地投放材料，具有很强的层次性。在编织馆中，活动初期投放 KT 板，供幼儿尝试竖条有序缠绕；再进行较复杂的实物缠绕，如"十"字型缠绕、五角星型缠绕、六角型缠绕，利用扭扭棒进行蜘蛛格编织，其中又会有稀疏型与紧密型的不同。

四是材料投放的可探究性。在纸塑馆中，教师给幼儿提供了湿塑与干塑两种形式。其中，与湿塑配套投放了报纸、面巾纸、气球、双面胶等辅助材料，而与干塑配套的则是报纸、锡箔纸、纸胶带等材料，从而让幼儿去探究材料在不同方法下的变化。

第二，观察幼儿游戏行为，解读幼儿游戏需求。

观察、了解幼儿的游戏行为是为了评估他们的兴趣、特点和需要，以便更有效地拓展幼儿的经验，促进幼儿的学习与发展。观察的内容包括幼儿自主商量游戏主题、合作尝试游戏玩法、讨论解决游戏问题、共同提升游戏难度等。

在幼儿园操场的斜坡上，几个小男孩手拿着木条在一起玩游戏。案例一的小男孩从斜坡上冲下来，他把手里的长木条想象成枪，非常威风。而案例二的小男孩正在创设自己的游戏情境，他躲在树杈间，既隐秘又可以瞄准射击，十分快乐。案例三的小男孩则在游戏中扮作解放军，解放军要打敌人，于是他把小伙伴想象成敌人。这样观察与记录有助于教师事后的分析与反思。

还有教师在编织游戏中观察到一位小女孩，她已经来过两次。从她不断的询问声中，教师发现小女孩对于自己的编织感到很是自豪，得到不断肯定，她更加有信心了，还会看周边小朋友的编织情况。在记录表上，教师分析说："对于这位能力较强的孩子，我想除了给予材料上的支持外，更需要语言上的支持，让她有继续编织的兴趣和动力。"

第三，鼓励幼儿运用不同的方式分享游戏经验。

游戏结束后，教师可以鼓励幼儿运用不同的方式向同伴分享游戏经验。一方面，可以借助语言表征等，来激发儿童的想象力；另一方面，也有助于教师进一步了解幼儿的游戏需求，促进幼儿在游戏中发展。经验分享就是以事物的意义来运思，这是儿童分享人类社会历史、文化的过程。在整个社会文化中，意义是儿童与他人共享游戏的"心理谓语"[1]。幼儿在游戏中不断地编织、吸收、内化这些"心理谓语"，通过不断地表征来促进想象力的发展。

户外游戏结束后，教师会鼓励幼儿借助涂鸦、语言等方式进行交流，记录一下自己在户外玩了什么，并倾听同伴的想法，给出怎样玩战争游戏更精彩的建议等。大班纸泥游戏"可爱的小鸡"结束后，教师也会悬挂幼儿的作品，让大家学习和欣赏。同时，邀请幼儿站起来介绍自己的作品及其创作过程，并提出问题"你喜欢哪一幅作品？为什么？"，引导大家积极地交流，说出自己的想法。

---

[1] Van Oers. The transformation of learning: Advances in cultural-historical activity theory [M]. London: Cambridge University Press, 2008: 370-380.

第二节　文学表演促发爱想

孩子是天生的表演家。他们的一颦一笑，他们的一举手一投足，他们的表现力，让人充满了惊叹。无论在"过家家"游戏中扮演家庭成员的各种角色，抑或模仿大灰狼、小白兔的动作表情，还是一个人对着一堆汽车玩具喃喃自语地指挥交通，都是幼儿对生活的虚拟和假设，都有一种戏剧因素在其中。

文学表演究其实质而言，是一种表演游戏，是幼儿以故事为线索，运用语言、动作、表情等创造性地再现故事的一种游戏。[①]通过这样的表演，幼儿内心的渴求、压力和无助全都形象地表达出来，对他们的语言、认知、创造性思维、想象力和社会性等方面的发展都有促进作用。

这是因为幼儿容易将自己的幻想投注于具体事物之中，容易相信文学作品中所构建的虚幻世界、虚幻人物和虚幻故事，也容易被其中的美好与奇幻所打动。而文学作品一旦与表演艺术相结合，就能极大地激发儿童的语言表征，拓展想象的空间。所以，让幼儿多欣赏、多参与文学表演对他们的成长具有十分宝贵的价值。

---

① 林菁.幼儿园创造性游戏指导与实施[M].福州：福建人民出版社，2011：69.

一、概念界定

基于提升幼儿想象力的文学表演不同于一般意义上的舞台剧，它是一种以富有幻想色彩的故事为主题，由教师有目的、有计划地组织幼儿通过语言、肢体等活动，来体验故事内涵、综合性地利用时空条件、创造性地推动故事发展，从而帮助幼儿获得有益学习经验、提升想象力的一种活动。

传统的舞台剧通常包含剧本、导演、演员、观众、舞台等基本要素，而幼儿园里的文学表演则仅需要故事主题、参与者和时空这三个条件即可。其中，故事主题是教师根据幼儿的兴趣、需求等，引导幼儿在阅读理解文学故事和绘本故事的基础上，积极地开展创编与构想，并最终形成一个完整的故事。

而参与者可能包括教师、幼儿，也可以邀请家长、幼儿园其他人员、志愿者等。幼儿是文学表演的主体，而教师则要担当"导演"的责任，需要具备较高的综合协调能力和专业知识。时空条件要因应故事主题和幼儿兴趣而决定，如场景布置必须契合文学作品的氛围，而演出时间则要视幼儿的投入度、兴奋度等指标来延长或缩短。

文学表演最大的特点就是"情境再现"。因为它是幼儿在结合自己经验的基础上，对文学故事中人物的语言、动作、表情、心理等进行的模仿和塑造。我们说，戏剧是人类一种本能的需求，因为人们把握世界的最好方式就是进入事件发生的时空，身临其境地感受事情发生的经过。

戏剧这种积极调动幼儿情感投入和戏剧天赋的艺术，能给幼儿带来极大的快乐。其实，孩子们比成人更容易接受戏剧这种形式，无论他们欣赏别人演出还是自己参与演出，其投入程度和激情都是成人无法体验的。而且它还能从心理学的角度，抓住幼儿自我中心和万物有灵的特点，非常顺应幼儿的思维方式。

由于角色对话比较多，文学故事本身就比较适合让幼儿来表演。而文学表演的动态性特点还能充分调动孩子的感官，让他们与阅读内容发生多层次的联系。所谓"动态性"，就是文学表演能发展幼儿的智力，培养他们的品德以及提高他们的想象力与审美素养等。

在《创造的儿童教育》一文中，陶行知先生指出，儿童的创造力是千千万万祖先，至少经过五十万年与环境适应斗争所获得而传下来之才能之精华。[①] 为此，他提出了儿童创造力"六大解放"的思想，主张从儿童的头脑、双手、眼睛、嘴巴、空间以及时间六个方面，全面彻底地解放儿童的创造力。

文学表演中，幼儿需要不断地依靠自己的经验对故事进行再创造，这也是一种动，而且是属于自己的活生生的故事。与单纯的文学阅读相比，这种动是全面的、和谐的，不仅有个体的参与，还有社会关系的调整，不仅有人与作品、人与人之间的充分互动，还有外部环境的调动。

文学表演还有一个特点就是整合性。当幼儿园课程中的主题过多地来自学科领域时，可能会造成几种学科领域知识的简单拼凑，甚至是割裂。而《指南》和《纲要》明确要求，在学前教育领域推行健康、语言、社会、科学、艺术五大领域融合的活动模式，用故事启迪孩子心灵，实现幼儿五大领域的平衡发展，让孩子在快乐中成长。

从文学表演本身来看，它是一种集动作、语言、音乐、舞蹈和舞台情景等于一体的综合性表演艺术。与其他常规的活动方式相比，它的整合性特点相当明显。文学表演以文学作品或绘本为载体，有时间、地点、人物、事件，有开头和结尾，有故事发展的逻辑，所以必然具有故事的整体性。

此外，文学表演不仅有语言的属性，更有艺术的特征，还包含科学、社会、健康等方面的知识与内容，是小舞台，更是大社会。语言是文学表演的基础，

---

① 陶行知.陶行知全集（第四卷）[M].成都：四川教育出版社，1991：537.

通过语言、肢体动作来表达内心情感，用舞蹈舒活筋骨。它实际上就是生活，包罗万象，但又超脱于生活，是对生活创造性的反映。可以说，在文学表演中，各种刺激幼儿想象力的表征和谐地联系在了一起。

二、实施流程

首先，需要引导幼儿接触优秀的文学作品，优秀的儿童文学作品在情节、意境、主题、语言运用等方面都具有独特性。教师应创造多种方式，引导幼儿在选择剧本、理解剧本、创编剧本的过程中进行文学绘本建构，形成表象。其次，要帮助幼儿积累经验、运用表征、讨论协商，进行文学经验解构，再造想象。最后，还要创设游戏环境、提供表演材料、表征游戏故事等促进幼儿多元表达，进行文学表演重构，创造想象（详见图4-2）。

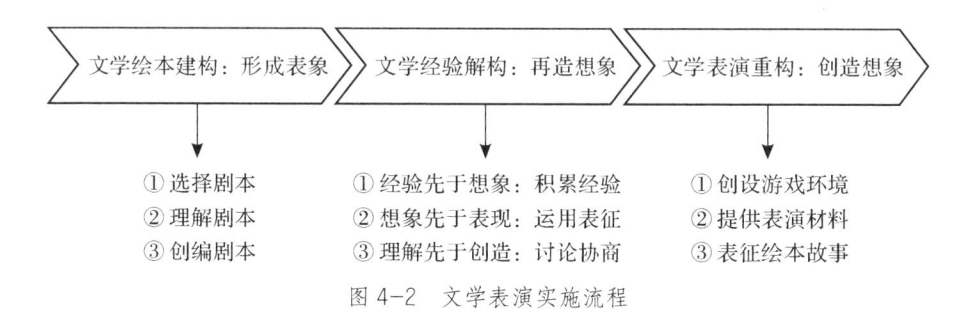

文学绘本建构：形成表象	文学经验解构：再造想象	文学表演重构：创造想象
① 选择剧本 ② 理解剧本 ③ 创编剧本	① 经验先于想象：积累经验 ② 想象先于表现：运用表征 ③ 理解先于创造：讨论协商	① 创设游戏环境 ② 提供表演材料 ③ 表征绘本故事

图 4-2　文学表演实施流程

文学表演是幼儿理解文学作品内容、感受文学作品意境的重要工具，它贯穿于幼儿文学作品学习的整个过程。而阅读过程是一种文化融入、文化相遇的过程，作为阅读者的幼儿能从自己的文化立场、文化旨趣出发来理解图画和文本，而图画和文本又能丰富、提升幼儿的文化感受。[1]

要让幼儿自己选择喜欢的绘本（童话）故事，通过绘本（童话）故事的阅读，幼儿会自然而然地跟随作者的描写、抒情、叙述等，建构相应的

---

[1] 陈世明. 图像时代的早期阅读 [M]. 上海：复旦大学出版社，2009：23.

画面印象，输入信息建构游戏文本。接着，要调动幼儿自己阅读童话故事的经验和个人生活经验，在大脑中建构出对故事中词汇含义、人物特征、人物关系、故事背景、故事情节、蕴含情感、主题意境等的想象。可以鼓励他们用动作表现故事中的情节，或用讲述、绘画的方式表达自己对故事意境或主题的感受，从而准确地理解故事表达的内容。

在理解绘本（童话）故事的基础上，还要激发幼儿根据绘本故事进行过滤或使之发生改变，在心中塑造作品所描写的人物形象，在大脑中生成或塑造有趣的故事情节，从而进一步创编故事内容，形成表象。

在绘本（童话）故事的学习过程中，教师要关注幼儿的生活经验，注意幼儿生活经验的积累，以保证游戏过程中达到预期的效果。在理解故事内容、结构和主题的基础上，引导幼儿进行想象，从而表征出一个新的结构片段、情节或结尾。通过提问、绘画、表演的方式拓展幼儿的想象空间，保证幼儿想象的时间，给幼儿提供多种表达想象的机会。

想象建立在幼儿对故事的理解之上，离不开来自经验的理解。要引导幼儿结合自己的生活经验和文学经验，讨论如何用动作、语言表现角色的特征，讨论需要什么道具，获得所学习绘本（童话）故事中人物的语言、动作、表情等信息，并能在教师的要求下回忆并表现出这些动作或表情。

进行文学表演前，要有目的地创设剧场环境，让幼儿置身于表演情境中，产生一种投入角色表演的冲动。在文学表演的过程中，还要注意创设丰富多变的环境来引发幼儿的想象。课程专家多尔（E. Doll）认为，儿童的发展既不是"自然发展"的，也不是"纯粹塑造"的，而是在具体情境脉络的条件下，一种心理内与心理间的相互作用过程中的社会建构。[①]

而随着游戏的展开，幼儿会重新生成带有自身经验的新的游戏文本。

---

① 多尔. 后现代课程观 [M]. 王红宇，译. 北京：教育科学出版社，2000：250-251.

在表演绘本（童话）故事时，他们会根据这些经验对故事进行重构，创编出具有完整情节，在结构、内容和主题上合理、有逻辑的故事情节，设计出富有个性化、充满童趣的对白或台词，在教师的引导下完成整个演出。

材料是进行文学表演不可缺少的道具。要根据幼儿创编的文学作品剧本，为他们提供多种表演材料。为了表演能够顺利进行，教师和幼儿可以一起对新剧本进行梳理，寻找出场的角色，确认可能需要的背景道具。要尽可能让幼儿自己选择道具，让道具成为促发幼儿爱想的表征性材料。

文学表演结束后，教师还要为幼儿提供语言榜样，为他们创造自由表达的氛围，让幼儿体会与老师、同伴交流的乐趣。要鼓励幼儿采用不同的符号来表征自己的游戏过程，可以是语言，可以是绘画，也可以是动作，通过多种表征手段，来促进幼儿的多元表达和想象力发展。

三、操作要点

浓厚的表演情境有助于激发幼儿的表演欲望。所以，文学表演的第一个策略是"创境"。所谓"创境"，就是创设符合幼儿发展特点的语言运用环境，来调动幼儿使用文学作品和"模拟"文字进行书面表达的积极性。创境主要从创语境、创意境、创情境三方面入手。

具体来说，创境就是让幼儿感受并领略文学作品的内涵和体验美好的意境。杜夫海纳（Mikel Dufrenne）认为，"感觉就是感到一种感情，这种感情不是作为我的存在状态而是作为对象的属性来感受的"[1]。在阅读过程中，幼儿会以自身情感呼应绘本（童话）故事的内容，使得阅读对象具有不同的情意、态度甚至个性，从而让阅读过程进入特定的情感氛围。

意境与情感是文学作品中的灵魂。只有感受和理解了文学作品中所传

---

[1] 杜夫海纳. 审美经验现象学[M]. 韩树站，译. 北京：文化艺术出版社，1992：481.

递的思想感情和意境，才算真正懂得作者想要通过文学作品所要表现的全部内容。另外，幼儿对文学作品的学习只有在真实的情境、已有的生活经验中才能获得较好的理解和运用。所以，教师可以组织一些与文学作品有关的暖身活动，帮助幼儿熟悉表演情境，快速地进入状态。

文学表演的第二个策略是"设问"。语言符号系统让人与动物区分开来，也是刺激幼儿表征的重要手段。在幼儿园开展文学表演，其目的不是表演，而是为了学习语言和交际。根据幼儿的身心发展特点，语言学习需要满足幼儿直观行动思维、喜欢模仿、喜欢假装、爱游戏等要求。

所以在文学表演中，要根据作品的结构、想象要素，预设一些探究性、假设性、归类性问题，以帮助幼儿更好地理解文学作品的主要情节、结构和内容。以情节发展为主线，通过这些问题形成有机的连接。

设置的问题包括：①探究性问题。这是为了帮助幼儿更好地理解作品中人物和角色这么说、这么做、这么想的原因。如：在"三只小猪"的文学表演中，教师问"为什么小猪要吃下三颗糖果呢？"②假设性问题。假设性问题能够有效地培养幼儿扩散性思维能力，让幼儿感同身受，身临其境。如：教师问"假如你是小猪，你会怎么做呢？"③归类性问题。它是一类情况和场景的想象设问。为助推情节的发展，教师需要具备敏锐的观察力和捕捉幼儿灵感的能力，抓住幼儿富有想象的表现，层层追问，带动幼儿展开丰富的想象和表达，提高创造水平。

幼儿在开展文学表演时，无论仿编、续编或创编，首先应该对作品的结构、意境、词汇等有充分的理解。因为一开始，幼儿的情感并不是那么强烈，他们是在逐渐理解并呼应文学作品的情感性的过程中，不断唤醒内心的情感，然后将丰沛的情感注入文学表演之中。所以，对作品的理解与分析显得尤为重要，这主要从析要素、析结构、析内涵三方面入手。

所谓"析要素"，就是根据文学作品的内容，教师挖掘时间、地点、人物、时间等要素，试图让幼儿从感知、理解开始，结合已知的生活经验，从而梳理作品的内容、结构、意境、词汇。

而"析结构"，则是将故事结构以图谱形式呈现，起到一目了然的效果。这不仅让幼儿感知到生动形象的语言，而且可以让他们在清楚掌握故事结构的基础上，为下一步的重构做准备。

"析内涵"是从具体要素的想象到抽象要素的想象，是从单个要素的想象到完整要素的想象的过程。它要求分析整个文学作品带给幼儿的感受，需要在更深层次上交流、展示或者表明幼儿对整个文学作品的理解。对于心智没有完全成熟的幼儿来说，这是非常具有挑战性的，也对教师的指导提出了更高的要求。

像"三只小猪"文学表演，教师就与幼儿一起商讨删减故事旁白，转而用角色对话、动作来推进情节发展，同时增强角色对话的韵律性和重复性。最后，幼儿还通过投票决定，把大灰狼和小猪最搞笑的一些事情表演出来，创编了三个新场景，以这样的方式确定了新剧本。

第三节　艺术表达催生创想

我们说，瑞吉欧的工作坊其实就是艺术坊。它的出现是马拉古齐等人对艺术教育最本质、最生动的阐释，他们将关注点放在日常生活上，不断地激发幼儿的好奇心，从自身的实践经验中去获取各种艺术素养，提升艺术表达能力。正如韦基（Vecchi）所言，"那些日常生活中最基本的生活物品见证了我们对'美'的看法和追求。美感是超越视觉语言的界限，与其他所有学科融合在一起的"[1]。

儿童期的想象主要是再造想象，即依据某一事物的图样图解成言语进行描述，在脑海里塑造出这一事物的新形象。以激发幼儿图画表征为目的的艺术表达，要求不拘泥于美术的形式与材料，给幼儿提供自由想象的空间，引导和鼓励他们大胆想象。一次次的艺术表达，不仅提升幼儿的再造想象能力，更增强了他们的创造性想象能力。

生活是艺术表达的源泉。在选择艺术表达活动内容时，应该注意贴近幼儿的实际生活，有效建立与幼儿已有生活经验的联系。对幼儿来说，世界是五彩斑斓的，每一天都是崭新的。教师要用心观察和体会幼儿的生活世界，尽量站在幼儿的角度来看世界，选择幼儿生活中接触到的事物作为艺术表达的题材与内容，促进幼儿创作出鲜活、生动且有创意的作品。

---

[1] 爱德华兹，等. 儿童的一百种语言[M]. 尹坚勤，等译. 南京：南京师范大学出版社，2010：145.

一、概念界定

所谓"艺术表达",就是引导幼儿从感知周围环境、生活中美的事物或艺术作品出发,以创造性想象为主要方式,在他们头脑中形成审美心理意象,再利用艺术的语言、动作、工具和材料将它们组合起来,重新创作出对其个人来说新颖独特的艺术作品。通俗地说,就是"涂鸦"。当然,艺术表达不限于绘画,还包括手工制作等。

众所周知,画画是每个孩子的天性,从孩子的身心发展规律来看,孩子画画大致可以分为以下几阶段。

第一阶段:涂鸦期(1.5~3岁)。这个时期也被称为"错画期""无意识的线画"。在美国当代美术教育家维克多·罗恩菲德(Victor Lowenfeld)看来,儿童喜欢涂鸦与婴儿期早期运动经验有关。因为当母亲把婴儿置于摇篮或手臂中摇晃时,婴儿对摇晃的动作产生了一种绝对的安定感。[1]

稍微长大一点,通常在2岁左右,给幼儿一支蜡笔,他就会开始在纸上随意涂鸦。这一时期幼儿还不能控制肌肉的动作,纯粹是由本能的冲动而产生的,是一种纯自然的表达方式。所以,我们不要去打扰或者引导孩子怎么画,要让他们充分表达自己的内心世界。画完可以去问孩子画的是什么,并适当给予鼓励。重点培养孩子的语言表达能力与形象思维能力。

第二阶段:象征期(3~5岁)。这一时期孩子能创作出自己的图形符号,并且开始给自己的画作起名字,如"小苹果的危险""水果砸气球""火车呜呜呜"等。他们一般都会凭借自己记忆中的事物形象去画画,很少参照实物,如画一条小狗,不用亲自跑到狗跟前去照着画。所以,他们笔下

---

[1] 罗恩菲德.创造与心智的成长[M].王德育,译.长沙:湖南美术出版社,1993:87-92.

的狗不一定会有耳朵、嘴巴，但可能有眼睛。

虽然他们画的东西与实物差距较大，但更具独创性，因为这是他们从实物里抽象、表征出来的。可能是一些简单的线条、一个乱涂乱抹的圈圈，但它们都是幼儿对自己生活经验的理解，都具有特定的象征意义。教师需要引导幼儿观察事物的细节及相互之间的关系，但不要评论画得像不像，让他们用自己的绘画语言去表现观察到的事物。

第三阶段：意象表现期（5～8岁）。这一时期幼儿的观察力明显增强，他们会将所见所闻记下来，进行概括和重新组合，已经有了写实倾向。他们还会把外界给自己的强烈感受，用夸张变形的手法表现出来，其手法是把自己印象最深、认为最重要的内容画大，以说明其重要性。

在绘画方面，这是幼儿感觉敏锐、反应强烈的时期，也是幼儿绘画创作的黄金时期。教师要引导幼儿观察细节与整体的关系，重视幼儿的主观意识，不必过分强调事物的逼真性。要保护好幼儿的想象力和创造力，引导幼儿在创作中尝试不同材料，运用平涂、点涂等各种方式，充分表达自己对美的感受。

第四阶段：视觉写实期（9岁以上）。这一时期孩子的想象力及形象记忆能力方面发展逐渐减慢，而观察写实能力则飞速发展。同时，随着思维逻辑性的发展、认识能力的提高，他们对绘画有了自己的想法，开始以客观的态度去观察现实生活，喜欢那些具有空间感、立体感、真实感的作品。

因此，教师要积极鼓励幼儿去接触不同的绘画风格，通过色彩、素描等训练，有意识地提高他们的表现能力及审美能力，使他们受到艺术熏陶的同时还能开阔眼界。与此同时，教师还要有计划地加强对儿童艺术理论方面的教育，如绘画作品的审美特征、造型与色彩的构成规律、创造性思维活动等，但是不能忽视对儿童想象力、创造力的培养。

值得注意的是，儿童的艺术表达呈现出鲜明的游戏心理特点，也就是说，儿童把绘画看成一种游戏。同时，这种表达也呈现出儿童视觉经验的积累过程。随着孩子的逐渐成长，他们在生活中看到的、印象深刻的、感兴趣的，都会形成一个影像存储在自己的大脑中。存储的影像越来越多，表现在纸面上的图案及其意蕴也就越来越丰富。

二、实施流程

大自然奇趣盎然，蓝天白云，风霜雪雨，日出日落……大自然为人类提供了生存条件，为人类创造了美好生活。如何把这些资源转变为课程资源，促进幼儿的艺术表达，值得教师为之深思。譬如在春暖花开的季节，组织孩子到郊外踏青，一起去田野里观察黄黄的油菜花、美丽的蚕豆花等，都是非常适宜的、促进艺术表达能力的活动。

简言之，艺术表达的实施流程包括：（1）创设美，让幼儿投入大自然、周围环境、生活中去；（2）发现美，引导幼儿关注事物的外在形式特征，注重感知与发现美的不同；（3）想象美，通过正确的引导和鼓励，让幼儿开展大胆、自主想象；（4）表现美，用各种方式展现艺术作品，并与同伴进行交流与分享（详见图4-3）。

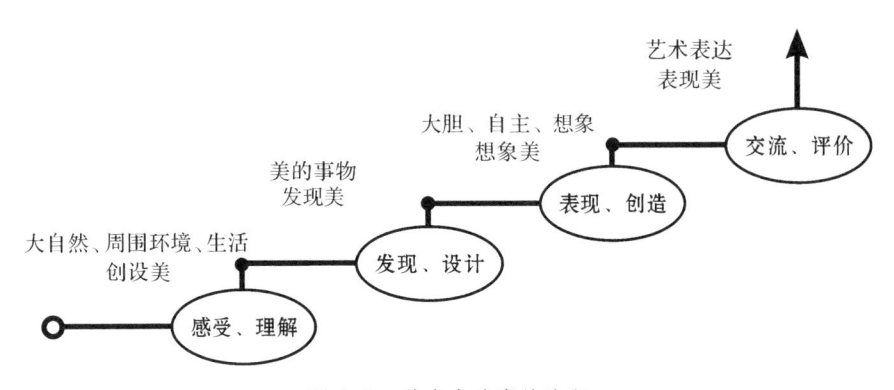

图 4-3 艺术表达实施流程

1941年1月，陈鹤琴在《活教育》的发刊词中提出："我们要利用大自然、大社会做我们的活教材。"他认为,书本只能当作学习的副工具。[①]春天到了,笋宝宝偷偷地钻出了脑袋。教师们带着幼儿来到竹林里,观察笋的生长。在现场,孩子往往会提出很多新的问题和新的想法,因此也有了很多新的挑战与新的任务。在这里,竹林就是一个奇妙的课堂,就是一个创新之地。

所以,教师要善于带领孩子走进大自然和社会,在符合幼儿认知经验和兴趣的基础上,选择大自然中美的景色和生动的动植物,引导幼儿去观察,从中发现美、感知美。正如马拉古齐说的,"大自然让成人与儿童有更正错误的时间、克服偏见的时间,幼儿可以掌握他们自己的呼吸的规律,重塑自己、同伴、家长、教师和这世界的形象"[②]。

在活动过程中,要引导幼儿观察审美对象的色彩、形状、细节等特点,特别要注意其中的不同之处。像竹林里的课堂,就能充分调动幼儿的视觉、听觉、触觉、嗅觉和知觉等多种感知器官,接受更多利于自我构建的信息。个别孩子注意到了笋壳有不同的纹理和颜色,教师要及时地进行引导,促进幼儿更好地想象与创造。

发现美是为了想象美与表达美,而自由与创造是想象与表达的灵魂,一定要创设宽松的心理环境和丰富的物质材料环境。教师可以请幼儿在家长的帮助下去挖笋,然后给笋宝宝来个创意造型秀:有的给它戴上了帽子,有的给它装上了头发,还有的给它穿上了不同的衣服……于是,一个个可爱的笋宝宝呈现在孩子们面前,引来无数的赞美。

要尊重幼儿的个体理解,每位幼儿的想象和创作都是独特的。教师还可以根据艺术表达的主题和内容,在活动中选取一些适宜幼儿欣赏的经典作品。在他们刚刚接触美术时,就给他们经典作品进行启蒙,对其艺术综

---

① 陈鹤琴.陈鹤琴全集(第5卷)[M].南京:江苏教育出版社,1991:1.
② 爱德华兹,等.儿童的一百种语言[M].罗雅芬,译.台北:台湾心理出版社,2000:262.

合能力的发展有着重要的影响。正如杨景芝指出的一样，幼儿的美术教育起点应该要高，使幼儿吃的"第一口奶"吃对、吃好。[①]

当然，教师不要给幼儿讲述深奥难懂的美学思想，而是要根据他们的发展情况，用通俗易懂的语言帮助幼儿从他们的角度感知作品、欣赏作品、理解作品。譬如著名国画大师潘天寿的指画别具一格，像《新放》《朱荷》等均以泼墨染指，荷叶用掌墨，勾线用指尖，生动之气韵非笔力所能达成。教师完全可以让幼儿在玩墨的过程中体验美术的魅力，从而发展其想象力和表现力。

幼儿对作品的分享与讲述也是艺术表达活动中的一个重要环节，看似简单的创作其实包含着幼儿巨大的想象力。教师要在幼儿创作结束后，提供适当的时间，让幼儿彼此分享自己的作品，给大家讲述作品的内容和故事。倾听幼儿的心声，尊重幼儿的自我表达，为幼儿营造一个互相尊重、崇尚创造的氛围，可以促进幼儿创造的积极性和主动性。

介绍自己的作品后，可以开展幼儿之间的互评。它有助于幼儿了解自己、表现自己，让他们产生一种成功的体验，并能感受到其中的乐趣，从而增强自信心。而教师对幼儿作品的评价要以赞美和肯定为主，以增强幼儿的自信心，从而促进想象力的发展。

三、操作要点

第一，多通道体验，丰富幼儿想象。

艺术表达需要一定的生活经验和想象积累，因此不断丰富幼儿的相关体验非常重要。在生命哲学中，体验被认为是一种生命认识方式，生命始终意味着体验。美学把体验看成一种生活感受，是深刻的领悟，是情绪的

[①] 杨景芝，秦明智.3至6岁幼儿创意美术[M].北京：中国科学技术出版社，2016：1-10.

高涨，最终达到主体与客体的高度统一。[①] 当一个人真正在体验的时候，常常有一种"无以言表"的感觉。而有了体验，才有创造的可能。

从这个意义上来说，教师要引导幼儿通过多路径的学习，对资料展开欣赏与分析，进而丰富与拓宽幼儿的体验，更好地激发图画表征，提高创意表达水平。儿童的发展是有顺序且连续的，进行活动必须在幼儿原有的经验上进行，才能实现经验的逐级积累，以不断提升幼儿的发展水平。

幼儿生活中的一切事物都可以作为艺术表达活动的内容，因为他们看到的世界与成人相比是完全不同的。贴近幼儿的审美经验是毋庸置疑的，但教师也应适当拓宽维度，在关注幼儿生活的基础上，引导他们多关注大自然，关注世界优秀美术作品和我国传统文化中的艺术。教师可以不统一主题，让幼儿自由发挥想象，表现自己，创作作品。

可以从生活里选取美的事物，通过从具象到抽象的呈现方式，让幼儿由易到难，开展步步推进式学习，逐步加深幼儿对美的体验与认知。在充分感受和理解事物与美之间关系的同时，激起幼儿的创作热情和表达欲望。

第二，多感官参与，支持幼儿想象。

幼儿阶段，想象引发往往需要一定的情境来加以推动，如故事情境、生活情境、游戏情境等。情境能突破单纯以视觉传播带来的局限效果，通过调动幼儿的多重感官协同参与，让幼儿对事物和艺术作品的感知与体验更加丰满。

如在"厉害的龙卷风"活动中，教师先请幼儿欣赏宋代画家李迪的《风雨牧归图》，观察画家是如何用画笔来表现风的。然后，请幼儿观看龙卷风的视频，了解龙卷风是如何发生的以及发生时的状况等。再请幼儿对着风扇吹一吹，亲身体验一下风的感觉，想象如果是巨大的龙卷风吹过来会

[①] 杨莉君．儿童创造教育障碍论 [M]．长沙：湖南师范大学出版社，2016：106-111．

发生什么。最后，充分发挥想象力，进行创作。

在艺术表达活动中，教师要通过引领式的问题，重视幼儿探究和学习的过程，鼓励他们寻找解决问题的办法，掌握独立学习的能力。如引导幼儿观察和比较不同动物的花纹时，可以发问"你喜欢谁的花衣服？为什么？"，利用拓展和追问的方式，让幼儿更为细致地关注不同动物花纹的多样性。这个思维拓展的环节不可或缺，它比教师直接命令式的告诉更有效果，会让幼儿印象深刻且有成就感，同时为下一步的彩绘创作做好了铺垫。

第三，低控性原则，鼓励幼儿想象。

陈鹤琴认为，要从儿童期开始培养创造力，我们要诱导和启发幼儿与生俱来的创造欲望。[①] 艺术表达本身就具有创造性的特征，能开拓幼儿的思维，引发天马行空的联想和想象。所以，在活动中，教师要尊重幼儿的创造，采取低控性原则，尽可能地减少各种不必要的干预，给幼儿充分的活动与思考的时间和空间。

要承认幼儿的主体性，也不能忽视教师的主导性。这种主导性主要体现在为幼儿搭建自我展现的平台和提供与同伴相互交流、合作、评价的机会等方面。幼儿的自控能力较差，教师适时的引导可以确保活动目标的达成，不至于让活动成为一盘散沙。

同时，也要给予幼儿最后呈现的艺术作品及时、适切的评价。如果评价标准比较单一、评价方法过于老套，将不利于幼儿的个性化成长和想象力的发展。肯定的评价是必须的，但也不意味着用一句"你太棒了"包打天下。不仅要对作品进行评价，更要关注幼儿的态度、注意力、兴趣和想象等方面；不仅要关注幼儿整体的艺术表达能力，更要关注他们在每次艺术活动中的点滴进步；不仅要关注艺术创作，更要关注艺术欣赏等。

[①] 陈鹤琴.陈鹤琴教育文集（下）[M].北京：北京出版社，1983：257.

第四节　创客制作助力妙想

创客一词来源于英文单词"maker"，是"互联网+"时代一群新人类的代名词，他们是具有解决实际问题的能力，或具有创造及生产社会需要的产品的能力的人。由此可见，创客强调了网络原住民的人本特征，创造、实践以及分享是创客的核心特质。

在1983年出版的《智力的结构》（*Frames of Intelligence*）一书中，美国心理学家加德纳在反思传统智力定义缺陷的基础上，提出了一个新的智力的定义，即"智力是在某种社会或文化环境的价值标准下，个体用以解决自己遇到的真正的难题或生产及创造出有效产品所需要的能力"[1]。很显然，创客也符合这一定义。

3~6岁的儿童处于前运算阶段，这一阶段的幼儿学习时仍然无法超越对具体的、可感知的事物的依赖，而创客就是利用环境中的材料、与环境和材料进行有效互动的人。所以，从某种意义上来说，儿童天生就是创客。在幼儿园里，创客既是产生创意和点子的创意者，也是将创意和点子转化为可执行计划的设计者，还是能迅速执行计划的实施者。

---

[1] Gardner H. Frames of mind: The theory of multiple intelligences[M]. New York: Basic Books, 1983:17.

一、概念界定

创客制作是一种支持幼儿自主产生学习任务（问题），以任务（问题）为学习项目，以个体或小组合作的方式，自主安排学习方法与进程，通过参与计划与调查、实地体验、自主探究，富有创意地完成学习任务（问题解决）的活动方式。它的原则是"凡是孩子能做的尽可能让孩子去做"，以最大可能地激发幼儿的想象力。

2016年6月，教育部颁布的《教育信息化"十三五"规划》中明确提出："在有条件的地区要积极探索信息技术在'众创空间'、跨学科学习（STEAM教育）、创客教育等新教育模式中的应用，着力提升学生的信息素养、创新意识和创新能力。"所以，幼儿园不仅能够作为幼儿的创客空间，而且有必要为幼儿的创客制作提供支持。

首先，要结合《纲要》和《指南》的要求，遵循创客制作对幼儿的要求，制定活动目标。即基于幼儿的兴趣，以游戏为基本活动，整合语言、艺术、社会、科学与健康等五大领域，从艺术创想、电子积木、创意电子制作、科学小实验、信息技术等方面入手，让幼儿"做中学"，大胆分享，培养幼儿快乐学习、自信交往、勇于创造的品质，并不断向更高水平发展。

其次，要精挑内容，支持幼儿的创客制作。创客制作是一项较为复杂的、综合性较强的创造性活动，而幼儿在动手、独立操作、组织协调方面的能力比较弱，因此就必须重视幼儿创造力和实践动手能力的培养，让孩子在一日生活中更多地体验学习。如鼓励幼儿使用积木类的东西来"造物"，或制作小蛋糕、生日贺卡等，在构思与制作的过程中发展创造力和想象力。

在幼儿园开设"创客空间"，放置幼儿工作台，提供可以记录孩子思考与发现的题板、画架或者白板、画笔、剪刀、胶棒等，让幼儿们在创客空间里自由地学习和尽情地玩耍。把含有设计思维和趣味性的动手活动纳入课程，以满足幼儿的好奇心。如：以"车"为主题的创客课程，可从艺术创想等方面入手来创设环境、准备材料、观察指导、分享评价等。

正如相关学者指出的，"创客教育是一种以信息技术为支撑的教育形式，秉承着项目学习法、体验教育、快乐学习、创新教育、DIY等理念"[1]。事实上，任何创客制作都具有跨学科、体验性、趣味性、情境性、合作性、审美性等一些核心特征。因此，教师要通过设置不同的主题，让幼儿动手动脑开展研究性学习，特别要鼓励幼儿通过画、剪、粘贴等方式，来完成各自的模型。

最后，要留出机会鼓励幼儿在完成创作后进行分享和交流。这是幼儿回顾学习过程、梳理和提升学习经验的重要过程。除了在班级、幼儿园层面进行作品分享、交流外，教师还可以在征得幼儿和家长同意的情况下，跟幼儿一起将创作过程发布到网络平台上，并推送给家长或分享到朋友圈。创意因为分享和传播而变得更加强大。

"创客教父"米奇·奥尔特曼（Mitch Altman）主张，创客空间并不需要物质上的奢华，最重要的是把已有的资源重组，做一些你想要做的事情，再把结果分享出去，分享给创客空间里的其他人、分享到网络上，这样其他人就能从中受益。[2]这样的创客空间能帮助幼儿跨越想象空间的"藩篱"，促进他们想象能力与空间思维能力的提高。

早在1859年，英国哲学家和社会学家赫伯特·斯宾塞（Herbert Spencer）就提出了一个重要命题："什么知识最有价值？"放眼当下，就是以创新思维为价值旨归的知识体系。所以，幼儿园的创客制作要依托"最

---

[1] 祝智庭，孙妍妍.创客教育：信息技术使能的创新教育实践场[J].中国电化教育，2015（1）：14-21.

[2] 吴俊杰.创客运动与STEM教育——专访"创客教父"Mitch Altman[J].中小学信息技术教育，2013（12）：41.

有价值的知识"，聚焦幼儿的自主探索与动手创造意识，采取有效措施革除自由交流的阻碍，促进幼儿想象空间的内发生成，在批判性思维、发散思维、逆向思维交互下，推动创新思维的生成。

二、实施流程

创客制作需要创设引发猜想的问题情境，并提供验证假设的材料和工具，通过引导幼儿运用各种表征来发现问题、猜想、假设、验证，在一系列问题解决的过程中，启迪幼儿思维，促进幼儿想象（详见图4-4）。具体来说，包括编制项目网络图、实地参观、展开设计、创意制作等环节，驱使幼儿在"创造"中模仿与生成，从而落实创客教育核心指向的"实践行为与创造精神"。

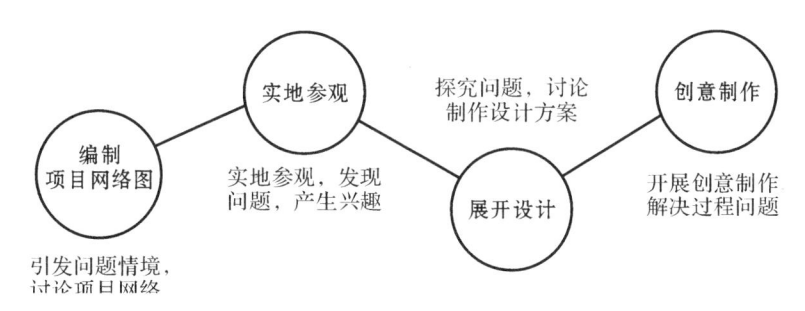

图 4-4 创客制作实施流程

（一）编制项目网络图。将创客制作所有活动及其之间的逻辑关系（依赖关系）从复杂项目中分解出来，表达在网络图中，从左到右来表示项目的时间顺序。可手工编制，也可用计算机实现。编制项目网络图的方法通常有关键路径法（CPM）、项目评审技术（PERT）、前导图（PDM）或箭线图（ADM）等。

项目网络图绘制通常需要遵守以下准则：（1）从左到右；（2）网络中箭线表示领先关系和流向，不允许出现无头线或双头箭线；（3）只有在所有前导活动已经完成后活动才能开始；（4）不允许出现环路；（5）不允许条件陈述；（6）只允许有一个起始节点和一个结束节点。

在创客制作中，教师要以多领域整合学习视角，在幼儿小组讨论或教师与幼儿对话中，形成实施计划的网络提纲；要支持并引导幼儿独立自主且有创意地设想问题解决办法，有计划、有步骤、有创意、自主地完成项目任务。

（二）实地参观。情境是连接间接、抽象知识与幼儿具体形象思维之间的纽带，真实的情境为幼儿知识经验的获得与迁移提供机会，同时也有助于幼儿提升真实世界的问题解决能力。[①]与卡通形象进行活动导入等相比，实地参观能帮助幼儿将活动与真实世界的真实情境联系起来，可以理解为什么要做这样的活动，为什么要用合作等方式来完成任务。

因此，实地参观就是为幼儿创设真实的活动情境，让他们带着自己的生活经验与情感体验，进入情境并获得自主与自信，达到与情境的双向互动。这种互动会改变幼儿原本对场馆或者物体的浅显认知，能够近距离关注各种场馆或者物体在结构、组织以及运行中的细节，极大地扩展幼儿创意学习的深度，激发对创新活动的兴趣，并主动利用多种方式来解决问题。

（三）展开设计。设计是最关键的。如何避免纯技能的教授，引导幼儿"真创意"的表达，成为教师们设计与开展活动的重难点。比如在画设计图前，教师可以通过多种方式帮助儿童拓展设计思路，像拼摆各种材料寻找灵感、向幼儿展示跟主题相关的设计案例、欣赏设计师作品等都是非常行之有效的办法。

《指南》指出："成人应对幼儿独特的艺术表现给予充分的理解和尊重，不能用自己的审美标准去评判幼儿，更不能为追求结果的完美而对幼儿进行千篇一律的训练，以免扼杀其想象与创造的萌芽。"这就要求，在幼儿展开设计环节，教师应该避免过分强调技能、技巧的传授，切忌过分介入指导，

---

① 胡芳强.幼儿园集体教学活动的情境创设应有始有终[J].中国教育学刊，2016（10）：107-108.

不给孩子独立思考和自己解决问题的时间与空间。对那些偏离主题的创意，也不能马上干预或急着否定。

（四）创意制作。如果说创意设计是创客制作的灵魂，那么材料就是创客制作的基础。活动前，教师可以请幼儿先说说自己想要的材料，然后再根据他们的要求，调整和补充相关材料。同时教师还可以观察幼儿在平常活动中的操作情况，从生活中寻找和提供新颖的低结构材料，如钥匙圈、小钩子等，以满足幼儿的创意制作需要。

通过不断地操作与试错，寻找问题的解决方法，作品完成后，幼儿可以用各种趣味的方式展示自己的作品。分享展示是创客制作不可或缺的一环，它不仅是幼儿表达与交流的平台，更是幼儿对制作活动的总结。因此，教师要为幼儿搭建展示的平台，给予时间与空间上的支持，让幼儿成为主角，鼓励他们展示自己的活动成果，分享自己的好方法，并与同伴积极互动。通过展示，幼儿会在同伴的建议下不断发现问题，改善产品，积累经验，完成最终样态的产品。

三、操作要点

第一，要鼓励幼儿自由想象，发现问题。

儿童是最富有想象力的，他们的奇思妙想常常让我们惊叹。教师要始终围绕"创新"这一核心，鼓励幼儿天马行空地自由想象。因为创客教育的目的就是，通过跨学科学习活动的设计，真正引导学生探索现实生活，在创造、分享和行动中深入地学习，以培养他们的创新精神和实践能力，助其成为复合创新型人才。[1]

因此，教师可以在确定主题时，运用"超级""特别""奇妙""魔

---

[1] 曹培杰.反思与重建：创客教育的实践路径[J].教育研究，2017，38（10）：93-99.

力""神奇"等词汇,引导幼儿突破常规去发现问题;在提供欣赏素材时,选择具有启发性的案例,拓展幼儿思维;要表现出对幼儿想法的期待和欣赏,以鼓励每个人都可以有属于自己的不同设计方案;在创意制作阶段,引导幼儿自主发掘、找寻可用的材料与替代性材料(发现替代性材料本身也是一种创意),自主决定选择什么材料、如何使用和搭配等,让幼儿不断发现问题,不断拓宽幼儿的创意路径。

提出一个令幼儿眼前一亮、有探究欲望的核心驱动性问题是创客制作的前提。之所以称之为"核心",是整个创客制作活动会有若干驱动问题,而且活动过程中还可能有新的驱动问题出现。核心驱动问题源于真实的问题情境,这种真实不一定是现实空间中发生的,但一定会引起幼儿的共鸣。

第二,要重视对幼儿灵感的捕捉,探究问题。

创客教育强调培养学习者的自主学习能力和自主探究能力。[1] 创客制作也是建立在自主学习基础之上,旨在培养幼儿的创新探索意识和学习探究能力。在活动过程中,幼儿会随着探究的深入以及同伴的启迪,迸发创意灵感。教师要重视对幼儿灵感的捕捉、开发和转化,鼓励幼儿不断尝试打破规则,加入新的想法和创意,优化原有方案,从而让创客制作更具有独特性、发散性。

梦想长廊坐落在梦想小镇里,夜晚来临时就会亮起灯光,如梦如幻。小朋友非常感兴趣,因此它是一个具有地域特色的创客制作教育资源。仓前云帆幼儿园的教师会带小朋友实地参观梦想长廊,鼓励他们分享各自的体验感受并进行探讨,从中发现关于梦想长廊不同的问题。在实地参观梦想小镇并进行分享交流后,幼儿们的创作欲望被激发出来,他们也想设计一个属于自己的梦想长廊。

---

[1] 金云波,张育桂.创客教育生态系统特征研究[J].现代教育技术,2019,29(3):112-118.

在设计的过程中，幼儿们会不断萌发自己独特的想象和想法，把自己的梦想长廊设计在图纸上。有的说要搭建一个云朵一样的长廊，有的说要会发光的长廊，有的说要搭一个矮矮的长廊……实际活动中，教师不仅提供了材料，还通过图书资料等，支持幼儿更进一步地思考与学习。

第三，要不断激发幼儿的创意思维，解决问题。

教师要始终牢记，创客制作的成果并不是简单制作一个产品，而是要真正将问题解决，它指向的是学习核心知识的深度。为此，教师应注重对驱动问题的解读，而不是给出作品的预想样态。同时，需要强调完成作品的重要性，让幼儿明白承担一个项目是一件严肃的事情，需要坚持不懈地探索。

活动过程中，幼儿会萌生多种富有创意的解决办法。教师需及时追随并支持幼儿在问题解决过程中的各种有趣想法，不断激发幼儿的创意思维。特别是要善于发现并珍惜幼儿提出的问题，充分尊重幼儿解决问题的各种奇思妙想，鼓励幼儿按自己的思路去尝试、实践、反思、总结，同时支持幼儿学习别人的创意办法，拓宽创意思路。

在设计完梦想长廊之后，幼儿们尝试着用各种材料将自己的设计搭建出来。有的用纸砖搭，有的用泡沫砖搭，有的用积木搭，还有的用了小树等。他们互相合作，互相帮忙，你搭这里，我搭那里，就这样建构完成了属于自己的梦想长廊。

最后，作品完成后的欣赏也有助于创意想象的发展。这些作品既然源于生活，在评价和分享环节也要回归生活，可以请幼儿把它们摆放在教室或家里，时时都能看得见，不断地进行二次欣赏，为下一次创意表达积累经验。

第五章　从课程走向育人

课程的起点是人，终点也是人，育人始终贯穿活动的整个过程。正如约翰·弗里德里希·赫尔巴特（Johann Friedrich Herbart）在《普通教育学·教育学讲授纲要》中所指出的，"任何活动都应当是教育性的"[①]。教育性特点决定了课程活动不是简单的课堂活动，而应该是一种特别复杂的对话，不是只有知识传授这样单一的输出，更是一个综合性的社会实践。

我国课程活动改革目标从"双基"（基础知识、基本技能），逐步发展到"三维目标"（知识与技能、过程与方法、情感态度与价值观），再到如今的"核心素养"，这种三阶段式演进过程反映的恰恰是从"学科知识"到"学科本质"再到"学科育人"的观念转变，目的就是把活动放在一个更大的视野或格局中来进行整体性思考，而不是割裂式地只抓住一个或几个环节和要素。

想象力课程活动也要从课程走向育人。这就要求实践者必须提高系统思维能力，从课堂延伸到情境创设，从师幼延伸到团队建设，从活动延伸到评价改革，坚持活动与生产劳动、社会实践相结合，与家庭教育、社会教育相结合，在大教育观、大活动观、大课程观的视域下，不断挖掘各种有利于提升幼儿想象力的活动元素，实现育人模式的创新。

---

① 赫尔巴特.普通教育学·教育学讲授纲要[M].李其龙，译.杭州：浙江教育出版社，2002：398.

第一节 情境创设：超越课堂

在《民主主义与教育》一书中，杜威曾指出，学生在学校生活中习得的，除了正规课程，还有一些是正规课程之外的东西，即"同时学习"。他反对漠视学生的个体经验，认为同时学习（指态度、喜好）可能比学校中有关阅读、地理、历史的学习更重要，要求学校教育必须与社会生活相结合，以解决教育的落点问题。[①]

那就是要全面营造宽松自然、团结活泼、张弛有度、劳逸结合、植根人文、崇尚科学、理实一体、活动做合一的系统化教育环境，从而支撑教育本质，让学生享受学习的过程，以获得更多更好的成长。后来，"环境"的概念不断扩大，从物质层面拓展到交往层面，把师幼、生生之间的互动也纳入其中，因此走向了"情境"。

毫无疑问，情境创设是一种隐性课程，应该整合在想象力课程体系里。没有情境创设的想象力课程，可能会沦为絮絮叨叨的说教，不仅不利于激发幼儿的表征，反而会使他们失去对学习的乐趣。而把幼儿园营造成适合幼儿生活、生长的环境，让他们生活、生长其中，就能提升幼儿学习的内生动力，解决教育的起点问题。

[①] 杜威.民主主义与教育[M].王承绪,译.北京：人民教育出版社,2001：249-267.

一、瑞吉欧的环境观

瑞吉欧教育深受建构主义的影响,强调知识是在不断地建构中形成的,非常重视环境对儿童发展的作用。换言之,教育是否成功,有赖于环境中各个要素是否具有教育的成分,是否能充分地参与对儿童的教育过程,是否有助于儿童的知识建构。因此,在设计课程与活动时,教师会一直考虑那些能引起儿童兴趣的环境因素,并不断地调整环境。

在瑞吉欧,幼儿学校的环境大多是宽敞的,有广场、长廊、操场、花园、教室、工作室和餐厅等。儿童活动的空间很自由,可以在这些场所活动、学习,也可以根据方案活动的需要到校外去探究。根据不同的需要,瑞吉欧的教师还会把教室分隔为几个区域,有活动区、讨论区、资料区等。幼儿可以依循自己的兴趣爱好,在不同的区域里自由地活动和学习。

这样的环境设计充分体现了学校尊重儿童的教育精神,也是瑞吉欧把环境视为"第三位老师"的最好印证。美国教育专家在总结瑞吉欧学前教育环境时说,"瑞吉欧·艾米莉亚的学校不会是任何地方,也不是任何地方都能完全复制出来的模式"[①]。因为那里的每一所学校的环境都是根据幼儿、家长、教师的需要创设的,都是经过他们共同研究、共同创造、共同论证的。

瑞吉欧对环境的重视最主要体现在工作坊和广场这两方面。其中,工作坊里放置各种各样专业的设备和资源,但它们并非单独存在,而是与幼儿园内其他事物有着密切的关联,可以支持幼儿进行玩耍、探索和实验。所以,在瑞吉欧的学校,工作坊能带给幼儿力量、兴趣和能力,使他们的想法更有批判性和创造性。

在工作坊里,经常可以见到树叶、塑料瓶子、贝壳、衣服等物品。学

[①] 爱德华兹,等.儿童的一百种语言[M].罗雅芬等,译.南京:南京师范大学出版社,2006:182.

校通过向幼儿们提供各式各样的材料，让他们有更多的机会去发展自己。工作坊的创设充分体现了马拉古齐的理念——儿童可以和成年人一起在校园里进行自由地研究和创意表达。在瑞吉欧，想象力和创造力不是与生俱来的特质，而是一种特有的思考、做决定和解决问题的工作模式。

幼儿在工作坊里的活动，主要采取小组合作的形式，以2~5人为一个小组。每个小组会根据自己的兴趣，选取不同的材料进行工作。一般情况下，教师会给幼儿充分的自由，仅仅充当观察者或记录者的角色。只有当幼儿遇到无法解决的问题时，他们才会加入活动，但也不会直接告诉幼儿答案，而是引导幼儿通过自己或与同伴的共同努力，找到解决问题的办法。

由于工作坊环境的特殊性，幼儿能更加自由、无拘无束地展示自己，表达他们对世界的看法。在这种状态下，"记录"的作用就显得尤为重要。因为它能直观、全面、深刻地反映幼儿的学习状态，也只有这样鲜活的记录才是最有效的。"记录"的加入是从环境教育走向情境教育最外显的标志。只有把幼儿制成的实物同"记录"联系起来考量，得出的活动成果好坏才是客观的、全面的。

当然，瑞吉欧学校的广场也非常特别和醒目，它们是家长、幼儿和参观者交流的中心。广场上有各种游戏设施，还有感光材料制成的汽车、简易的贝壳组合、各种形状有趣的镜子、装满叶子的格子、生物骨骼以及色彩缤纷的垫子等。通过这个空间对外传递一种信息——尽可能地对幼儿尊重，并提供各种可能性。

瑞吉欧的环境教育也非常重视校门口的展示长廊。这个微型的"广场"会展示儿童游戏时的照片、教师和员工组织活动的照片以及家长参与幼儿园活动的照片等。有的照片是和孩子的视线齐平的，因为这不仅仅给外来者观看，也为了吸引幼儿的注意力。有的学校还会摆放幼儿的各种实物作品，让人深深地感受到这里是孩子的乐园。

在马拉古齐看来，广场不仅仅是教室的延伸，这个场所还鼓励许多不同的意见和活动，"在此处所进行的意见交流会变得更有品质，幼儿与成人常在此碰面，就有更多的点子出现。我们可以这样说，广场是各种想法和点子诞生和出发的地方"[①]。

二、把老街搬进校园

仓前云帆幼儿园地处乡镇，有的分园更是直接开设在农村。那里的自然资源丰富，孩子就生活在农村，对自然与社会环境相当熟悉，幼儿园可以巧妙地利用这些环境资源，开展各种有益于儿童想象力的活动。

"一花一世界，一叶一菩提"，自然与童年是美好的共同体。幼儿园里的桃树开花了，叶子发黄了……在老师的帮助下，孩子们用电脑搜集有关病因的信息，对照网络为生病的小桃树"会诊"，他们终于知道了这是黄叶病。还请来了"树医生"检查土壤，说有可能是土壤中缺少了铁，营养不充足时小树就会生病，就像人体要吃各种食物才能健康。

这就是一堂有趣的小桃树治病课，带给孩子们很多探究与惊喜，因为这是他们喜爱的环境——自主、自然、能随时关注、可潜移默化获得熏陶、触手可及的环境。所以，充实的自然环境有助于扩展孩子的生活范围，为他们创造活动的机会和条件，不断积累经验，从而形成受益终身的学习态度和能力。

与此同时，幼儿园还自己动手设计，将实施过的主题活动下衍生出来的游戏搬到了户外，创设了"未来科技城""仓前老街"等自主游戏区域。这些人造的社会景观不但让各教研组的主题活动得到了延伸，还让孩子足不出园也可以通过游戏持续不断地体验仓前文化的魅力。

---

① 爱德华兹，等.儿童的一百种语言[M].罗雅芬，等译.南京：南京师范大学出版社，2006：181.

"仓前老街"游戏区域是在原来仓前小学停车库的基础上改建而成的。老师们自己画墙壁，让整个环境变得更有童趣。原来小学的长廊被改造成了"羊锅村"，一块长久废弃的土地变成了种植地，为的是让孩子们游戏体验的场所更加宽敞、活动内容更加丰富，也可以把老师们之前的一些想法融入其中。

把老街"搬"进校园的过程中，幼儿园非常注意倾听孩子们的想法。有的说，"这里有个坡能让我们跑上去就好玩了"；有的则说，"如果造一座小桥就有意思了"……孩子们的想法千奇百怪，但让梦想成真，让创意落地，不正是我们育人的目标吗？于是，能体现的尽量体现，不能体现的也要告诉孩子为什么现在不行。

这既是环境改造的过程，也是教师了解孩子的过程，更是尊重孩子发展的过程。因为孩子才是幼儿园环境的真正主人。学会感受幼儿的心灵，了解幼儿的想法，才能让幼儿成为环境的缔造者。正如南京师范大学虞永平所说："幼儿园的环境创设应该立足儿童的兴趣和需要，支持儿童的游戏和学习，要把研究儿童、理解儿童作为环境创设的重要前提条件。"[①]

此外，教师们还在园内创设了多种形式和功能的场馆，如"六艺"体验馆、"仓前老街"民间游戏馆、"未来科技城"创意搭建馆、"老街故事"皮影戏馆等。这些场馆以儿童身边日常接触的各类公共服务机构为建构蓝本，从而创设出能让他们开展生活体验活动的综合性学习环境。

像"未来科技城"创意搭建馆，能让仓前云帆幼儿园的孩子在熟悉的生活情境里"做中学、玩中学"，有利于他们的经验与社会生活相连接并实现经验的迁移。另外，每班还有一个仿真场馆主题，例如：结合仓前地理位置，推出了"盒马生鲜""四无粮仓博物馆""布艺特色""草艺特色"

---

① 虞永平. 幼儿园教育环境创设与利用的问题和思路 [J]. 早期教育，2021（3）：7.

等主题（见图 5-1）。

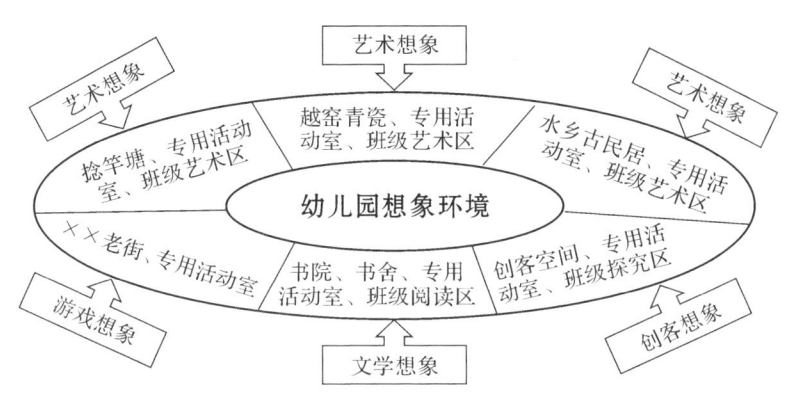

图 5-1 幼儿园想象环境创设

以"古镇人家"自主游戏为例，幼儿们进入"仓前老街"民间游戏馆后，分别扮演厨师、切菜工、洗菜工、服务员等角色。虽然没有逼真的玩具，但借助丰富的想象力，为顾客烧菜、端菜，玩得不亦乐乎。游戏时，幼儿们也没有口舌之争，出现问题后，也能一起商量着解决。游戏的目的性越来越明确，因此也有了一定的计划性。

在场馆布置上，幼儿园会充分考虑不同功能的关联，尊重孩子的喜好，以满足他们在学习过程中多元发展的需要。事实上，各场馆之间应如同主题活动网络，彼此紧密联系。对孩子来说，自由选择场馆参与活动就是学习的起点。同时，也要求教师根据儿童的认知水平、能力发展、兴趣爱好等，适时调整、更新场馆中的材料，从而激发孩子不断探究的欲望，提高参与度。

三、从课堂走向生活

"交往"是情境教育的一个重要概念，也是从课程向育人的重要飞跃。它遵循这样一种思维方式，即"人是一种关系性的存在，把人从以往那种自我封闭的、孤立自存的实体状态之中解放出来，成为一个现实的、具体的人"[①]。从这个意义上来说，想象力课程必须走出教室，带领孩子走进自然与社会，走向生活。所谓"读万卷书，行万里路"是也。

大自然是一本读不完的活生生的书，是孩子们成长的最好课堂。大自然广阔的空间和丰富的物种为幼儿提供了肆意奔跑、自由游戏的场地和探究发现的对象，而这就是最基本的教育力量。把孩子放进大自然，让他们自己去观察，主动去学习，积累对周围事物的感知经验，这是最好的想象力培养。

仓前云帆幼儿园坚持打开园门办学，带领孩子走向自然、走向社会、走向生活。希望通过这样的活动，引导幼儿初步了解人类与动植物的关系，发现自己感兴趣的事物，用自己的方式记录观察到的现象，从而学会关心和爱护自然环境，在大自然中建立安全感和归属感，初步形成自由结伴、团结协作完成任务等能力。

像为中班设计的研学路线——"小镇探秘"。幼儿们一边欣赏仓前小镇的风景，探秘春的气息，一边走进小镇的四无粮仓、芸台书舍、钱爱仁堂等景点，探索人文奥秘。随后，再去参观微型消防站、安防体验馆等。在开阔眼界、感受信息服务智能化与便捷化的同时，也能放飞梦想，体验一把梦想小镇日新月异的变化。

从课堂走向生活，要始终强调关注幼儿。因为幼儿才是课程的根本，一切"行走"的课程都应是幼儿感兴趣的且对幼儿能起到积极作用的内容。有了这个方向的牵引，教师会深入地去了解孩子心目中对行走的想法和倾向，如筛选"你最喜欢去什么地方徒步""在徒步活动中你喜欢做哪些事情""在徒步中你能发现什么，收获什么"等问题，探寻他们对"行走"的想法。

---

① 王攀峰. 走向生活世界的课堂教学 [M]. 北京：教育科学出版社，2007：116.

知道了孩子们的兴奋点，教师们赶紧梳理和提炼，以便更好地找准课程的方向，使课程更具目标性、科学性。他们还会和幼儿一起讨论研学过程中要准备什么、了解什么、具体干什么等细节问题，随后去现场踩点。有时候，教师们把这些前期的准备称之为"寻根"活动。只有探明了孩子们对于行走外出的好奇心与探索欲望，才能帮老师捋清课程的思路，为接下去的"行走"指明方向。

研学旅行有别于其他课程，它是以"行走"为载体的，既有在外"研学旅行"的部分，又有在内学习和延伸的部分，呈现一个延续的过程性。所以，最重要的还是结合陶行知"六大解放"的教育原理，在实践过程中，想办法让孩子们动手、动脑、动嘴、动眼、动耳，在做中学、学中做，把每个主题都落到实处，发挥价值。

研学旅行开始后，绝不是漫步目的地散步，需要紧跟主题，聚焦问题，充分发挥环境资源的教育作用。教师要牢牢追随幼儿的脚步，利用周边环境，挖掘"行走"中的教育契机。其中，要特别注意游戏的渗透，因为游戏不仅是儿童重要的生活方式，也是他们重要的学习方式。

正如荷兰学者约翰·胡伊青加（John Huizinga）所说，一切游戏都是一种自愿的活动，"单凭这种自愿的性质，游戏便使自己从自然过程的轨道中脱颖而出"[1]。所以，活动的游戏化和游戏的活动化是必然的趋势。活动的游戏化是指要把游戏作为一种主要的活动手段，去激发幼儿的学习；而游戏的活动化则强调要有目的地引导幼儿自主开展游戏活动。

在组织幼儿走向生活的过程中，仓前云帆幼儿园设计了各种丰富想象、促智冶情的游戏活动。同时，要求教师提高融会、整合各科活动的能力，

---

[1] 胡伊青加. 人：游戏者——对文化中游戏因素的研究 [M]. 成穷，译. 贵阳：贵州人民出版社，1998：9.

能抓住典型环境、典型事件对幼儿进行教育，在感受大自然的美好过程中产生想象大自然、向往大自然、爱护大自然的美好情感。

第二节 团队建设:超越师幼

从实体主义思维方式向关系性思维方式的转变,可以说是现代世界观的一个飞跃。这种世界观认为,在人的现实生活中,任何事情都不是孤立的,而是存在于各种关系之中的。所以,在理解一个事物时,也不应就事论事,而要从彼事物的存在来把握与之相关的此事物,或从此事物的存在来把握与之相关的彼事物。

幼儿在从事某种学习的时候,不仅要建构教育内容的意义,还要重建跟教师与伙伴的关系,从而使自己的个性得以探求与表现。正如日本教育学者佐藤学(Manabu Sato)所说的,"所谓学习,就是同情境的对话(建构世界),同他者的对话(结交伙伴),同自身的对话(探求自我),形成三位一体的对话性实践"[1]。

在想象力课程的设计中,教师和幼儿固然处于中心地位,但家长、志愿者等也不能被完全排除。要围绕他们之间的互动来开展团队建设和团队活动,而不是孤立的、静止的训练和塑造。要把合作视为团队建设的重点,要把所有相关者打造成一个利益共同体。只有这样,才能带给幼儿最美好的想象以及最好的经验。

---

[1] 佐藤学.学习的快乐——走向对话[M].钟启泉,译.北京:教育科学出版社,2005:66.

一、瑞吉欧的合作观

瑞吉欧教育主张：儿童的学习不是独立建构的，而是在诸多条件下，主要是在与家长、教师和同伴的相互作用过程中建构的，是在特定的文化背景中建构知识、情感和人格的过程。所以，"互动合作"也成为瑞吉欧教育一个重要的理念和原则。这种合作不仅包括教师和幼儿之间的沟通与引导，还包括专家指导以及家长、社区等参与。

在马拉古齐兴办学校之前，瑞吉欧地区的学校和家庭关系非常薄弱，两者之间的沟通也较少。家庭与学校教育并没有整合起来，两者还经常会背道而驰、各说各话。马拉古齐直言，教师与家庭在幼儿教育上扮演同样重要的角色，"我们的目标是建造一所和谐的学校，幼儿们、教师和家长都能感觉像在家里一样，其中最有效的方法就是让幼儿、教师以及家长三者更团结并了解彼此的贡献"[1]。

"接过孩子抛过来的球"，是瑞吉欧教育一句非常有名的格言。它的寓意是指教师对幼儿的倾听与关注，并且要求教师必须以真诚的态度与幼儿说话。教师与幼儿之间是平等的、合作的关系，双方都是主体，彼此没有地位的高下差别。与传统教育不同，瑞吉欧的教师角色呈现多元化，他们是倾听者、观察者、合作者以及共同学习者、引导者和促进者。

幼儿与幼儿之间的合作也非常重要。在瑞吉欧教育里，幼儿会有分享、交流的谈话时间，如定期向其他小朋友报告自己所做的成果，提出问题和困难等。幼儿还可以到户外，合作拼字母、作画等。在进行探究时，教师经常会把幼儿分成几个小组，每组 4~5 人。大家集体讨论、分工合作，一起来发现问题和解决问题。

---

[1] 爱德华兹，等. 儿童的一百种语言 [M]. 罗雅芬，等译. 南京：南京师范大学出版社，2006：79.

在国内外的很多幼儿园，结束信号发出时，幼儿都会被要求整理好东西并收起来。而在瑞吉欧，幼儿可以把未完成的作品摆放在桌子上。等到下次上课的时候，他们依旧可以发挥想象，并与其他孩子一起讨论。在讨论中，发展友谊，增强合作意识，并最终完成属于他们集体创作的作品。

瑞吉欧教育强调的互动主要发生在以下几个方面：①环境和儿童之间；②不同符号语言之间；③个人与人际之间；④发展和学习之间；⑤思想和行为之间。其中，人际互动是最重要的。通过与他人的游戏、工作、谈话以及思考等，幼儿会了解别人的想法，同时积累属于自己的经验。因此，他们既是受益者，又是贡献者。

瑞吉欧学校也非常重视家长在幼儿教育上的作用，并积极地寻求交流合作的机会，创造各种途径主动地与家长沟通。1971年，社会参与管理在学前教育的国家法律中正式得以确立，其主要形式就是建立咨询委员会。每两年，家长、教育局和市民都要为每一所婴儿中心和幼儿学校推举1~2名咨询委员会代表，帮助并推动幼教事业的管理和发展。

在瑞吉欧，家长参与学校教育不是被动的，而是主动的；也不是形式上的，而是可以具体化到某一课程方案。他们通过各种形式参与有关幼儿学校政策、儿童发展、课程设计和评估的讨论。毫不夸张地说，他们与教师一样，是幼儿学校的参与者和领导者，掌握着孩子所在学校以及孩子的未来。

家庭和学校的互动合作，可发展出更多的教育新方法，是不同智慧汇集的要素之一。与此同时，也让学校和家庭来共同承担儿童教育的责任。所以，瑞吉欧的合作观实质上就是把人的发展与社会文化环境整合起来考量，认为教育是整个区域活动和文化的分享。他们相信，只有超越师幼，才能给儿童提供最好的教育。

马拉古齐直言，会对遇到的全部事件都进行记录，并对所观察到的教育者之间、儿童和教师之间、儿童与儿童之间的社会关系都进行分析。他说，

"通过观察和分析，我得出了这样的结论：合作是瑞吉欧方案运作的中心原则，是恐龙计划的核心成分，其他所有方面都是由这一原则决定的"[1]。

二、和美的师幼关系

想象总是从现在指向未来，憧憬未来，给人带来创造的快乐和鼓舞。稚弱的幼儿从熟悉的家庭来到陌生的幼儿园，在较频密的零距离、面对面互动中，教师的爱抚、情感支持以及同学的悦纳，可以帮助他们顺利地开启一种迥然不同的生活，并在慢慢的融合中构建与发展属于自己的、充满想象的精神世界。

《指南》强调：幼儿园要为幼儿创设温暖、关爱、平等的集体生活氛围，建立良好的师幼关系，让幼儿在良好社会环境和文化的熏陶中，形成基本的认同感和归属感。在理想的师幼互动关系中，教师是一个关爱者，而幼儿是一个依恋者。教师必须承担起儿童"替代父母"的责任，始终怀有一颗向着孩子的爱心，通过身体的亲近交往和情感的密切沟通，形成发展相互依赖、亲密和美的师幼互动关系。

在陶铸办园理念的过程中，仓前云帆幼儿园提出了教师的核心价值观，即"爱心""责任""进取""智慧"八个字。如孔子所言，"爱之，能勿劳乎？忠焉，能勿诲乎？"[2] 对每个孩子给予爱，不抛弃、不放弃是构建和美师幼关系的重中之重。只有在尊重、理解与支持的基础上，才能真正发现儿童和解放儿童。

首先，要把最美的微笑送给幼儿，因为笑不仅是一个人情绪的表达，也会把教师的关爱传递出去。它不仅可以拉近师幼之间的距离，还能给幼

---

[1] 亨德里克.学习瑞吉欧方法第一步[M].李季湄，等译.北京：北京师范大学出版社，2002：62.

[2] 程树德.论语集释[M].北京：中华书局，1990：958.

儿带来安全感。其次，与幼儿说话语气一定要温柔，语速可以慢些，所说的语言一定要符合幼儿的年龄特点。尤其是对刚入园的孩子，教师要经常对他们说爱的语言。

"在岗一分钟，用心六十秒"，这是仓前云帆幼儿园对所有教师提出的要求。要和幼儿一起唱歌、跳舞、做游戏，陪他们搭房子、种菜、过家家……要用教师的才能、关爱、耐心、拥抱等，打开幼儿的心灵。下了课，也要经常思考孩子的事情，如他们的年龄特点是什么？每天都在想些什么？喜欢什么？怎样让孩子喜欢自己？什么样的活动最吸引他们的注意力？教师想得越全面，对幼儿的了解越多，也就越容易建立和美的师幼关系。

赞赏是让幼儿建立自信心的关键，因为每个孩子都是富有个性特点的独立个体。和美的师幼关系应该是双向的、互动的，也就是说教师和幼儿要相互学习、相互影响、相互作用。仓前云帆幼儿园鼓励教师每天在孩子身上找到一两个闪光点，并适时地给予赞赏。除了语言外，一个大大的拥抱、一个欣赏的眼神或者微笑都能把这种鼓励传递出去。

卡尔·罗杰斯（Carl Ranson Rogers）特别推崇教师的同理心，认为它是形成一种自发的、经验性学习氛围的重要因素，"当老师能够从内心深处理解学生的反应，能敏锐地意识到教育和学习方式在学生看来怎样，那么产生有意义学习的可能性也会增加"[1]。这就要求教师不能凭借自己的经验去判定幼儿的行为，特别是那种带有批评意味的评价。

一般来说，成人投向幼儿的目光中会出现两种现象：俯视和仰视。这两种视角都没有以同理心或平等开放的心态，站在幼儿的角度，去思考和解决问题。所以，一些课程设计看上去很美，实际上却会约束幼儿的想象力和创造力，使幼儿的主体性得不到伸张，无法真切、真实地表达自己的

---

[1] 罗杰斯. 罗杰斯著作精粹[M]. 刘毅, 钟华, 译. 北京：中国人民大学出版社，2006：265.

情绪和情感体验。

在深入推进想象力课程的过程中，仓前云帆幼儿园要求教师必须有正确的角色意识，即：教师是幼儿的引导者，在幼儿的活动或者游戏中，起着促进的作用，而不是全面的指导，更不能一味地按照事先定好的规则进行。与此同时，幼儿不应该是教师行为的"应声虫"，也不是沉默的旁观者。

在整个活动中，幼儿才是主体，他们有发出内心最真实声音的权利和需要。那种教师处于高控制、幼儿被迫高服从的状态，不利于建立和美的师幼关系，也不利于想象力的激发。因此，教师必须敢于放下自己相对幼儿的"社会权威"及"知识权威"的身份，以平等的角色与他们进行对话和交流。如此幼儿就很容易形成独立自尊、乐观向上、乐于想象的人格特征。

三、家园互动零距离

人们常说，家庭是孩子的第一所学校，父母是孩子的第一任老师。苏联著名教育家苏霍姆林斯基（В. А. Сухомлинский）也非常重视家园合作，并将家庭和家庭教育纳入学校工作结构之中。他指出，"教育的效果取决于学校和家庭的教育影响的一致性。如果没有这种一致性，那么学校的活动和教育过程就会像纸做的房子一样倒塌下来"[1]。

"学校一起办，孩子一起育"，这是仓前云帆幼儿园提出的口号，也是幼儿园重视家园共育工作的具体体现。2017年5月，幼儿园正式成立了"创想家长学校"，通过提升家长的教育理念来形成家园共育的合力，走上社会、家庭、幼儿园"三位一体"的育人之路，以增强教育实效，共育"创想宝贝"。

早在2006年，仓前云帆幼儿园就开始举办家长开放日活动，主要目的是让家长了解孩子在幼儿园的生活、学习等情况，通过观看晨间活动、集体活动、

---

[1] 苏霍姆林斯基. 给教师的建议 [M]. 杜殿坤，译. 北京：北京教育出版社，1984：530.

游戏活动，增进家园之间的相互了解。为了办好这个开放日，班主任和老师会设计精彩纷呈的各项活动，以拉近幼儿园与家长的距离。

此外，幼儿园还成立了"家长助教团"，因为每位家长身上都蕴藏着无尽的潜能。一些有特长、有能力、有兴趣的家长会被邀请走进幼儿园，为孩子们上课。参与助教活动的每一名家长不仅展示了特长，也教会了幼儿一些生活常识与技能，提升了他们的想象力和创造力。

像厨师爸爸会携带锅碗瓢盆和各种蔬菜，教幼儿们做菜；交警爸爸给幼儿上安全课，个个都听得很认真；护士妈妈教大家怎么给受伤的娃娃包扎等。这些活动开拓了孩子的视野，让他们学到了幼儿园老师所不能教的新内容。在亲情的加持下，孩子们一个个都显得非常兴奋，脑洞大开，教育效果也出奇好。

结合园本课程"童'话'仓前"活动，幼儿园还把爷爷、奶奶、外公、外婆这一辈人请进课堂，让他们担任助教。因为老人们会说仓前土话，所以他们教孩子说方言更地道。在学说方言的过程中，教师适时地帮助孩子了解仓前本土文化，想象仓前的前世今生。就这样，幼儿们爱说仓前话了，对地方文化也有了更深入的了解，重点是促进了想象力的发展。

在此基础上，仓前云帆幼儿园开展了"话仓前，绘幸福余杭"项目制学习活动。根据仓前的本土文化和特色，结合"美丽余杭"活动，项目制学习确立了"梦回太炎""江南绣艺""浓情端午"和"创意科技"等四个主题，它们分别代表过去、现在和未来。由家长带领孩子深入学习与实践，教师则开展相关主题的集体活动或小组讨论。家园、家幼共同参与学习，深入开展主题活动。

到期末，家园合作以节目表演或作品展示的方式，进行成果汇报，展示项目制活动实施以来的所学、所思、所得。汇报成果中有古风秀、小太炎趣事、端午诗友会及小小科创展等，很好地展示了幼儿们的学习成果，共同见证项目制活动给家园、家幼带来的收获和意义。如今，这样的学习汇报活动已成为幼儿园每年的保留节目。

要确保家园互动零距离，首先需要家庭和幼儿园具有一致的育人思想、一致的教育理念，在教育目标上达成共识。想象力教育必须在一个去功利化的场景内实施，才能取得好的效果。如果学前教育小学化现象愈演愈烈，那么家园双方就很难在尊重并承认儿童的主体性（兴趣、爱好和选择）和差异性，促进儿童全面健康发展方面实现一致性。

其次，开展家园合作之前，家庭和幼儿园都应该明确自己的权利和责任，要有"边界意识"。有学者认为，"边界意识"是一种"和而不同"的理性意识。[1] 这种意识有助于发挥幼儿园的主体教育责任，同时又能吸引家长的参与，可以减少合作过程中的冲突，使活动效果最大化。

---

[1] 黄河清. 家校合作导论 [M]. 上海：华东师范大学出版社，2008：115.

第三节 观察记录：超越评价

发展幼儿的想象力，最重要的是促进他们运用多种方法来表征自己对事物的记忆、想法、设想和感受的能力。由于受到知识、经验、语言和文字等方面的局限，幼儿无法准确清晰地用语言来表达，因此他们往往会借助图像或符号等非语言的方式来表征自己的想法和探索。实际上，这就是幼儿对外部世界的"观察"与"记录"。

按照皮亚杰的儿童认知发展阶段理论，学前儿童处于前运算阶段，他们的思维主要以直观思维为主。思维的不可逆性决定了考试的方式不适合此阶段的儿童，而且通过考试获得的结果也不准确、不科学。因为它得出的分数是一个相对静止的结果，不能提供儿童认知发展的具体信息。所以，皮亚杰主张教师应通过长期追踪观察来获得儿童发展的具体信息，对儿童完成各种作业的观察与记录去评价儿童的发展水平。[①]

近年来，观察和记录越来越受到幼儿教师的重视。作为行动研究的一种，开展教育观察和记录的目的是解决问题、提高教育策略与课程建构的质量。随之而来的，它还推动了幼儿教师评价观念的转变，即由以往只关注幼儿的行为结果转变为开始关注幼儿的学习过程，有了识别幼儿行为并积极提供回应的意识和行动。

---

① 皮亚杰. 皮亚杰教育论著选 [M]. 卢濬，译. 北京：人民教育出版社，1990：201.

一、瑞吉欧的评价观

作为瑞吉欧教育的创始人，马拉古齐最引人瞩目的就是带领幼儿教师一起开创了"活动记录档案"。因为瑞吉欧地区的幼儿园实施的是方案活动，即没有预先规定好的教材或者设计好的课程，而是在幼儿兴趣与需要基础上开展弹性课程，因此它必须依托记录的支撑，才能帮助教师更好地了解与评价幼儿的学习效果。

在瑞吉欧地区，记录是幼儿园日常的活动之一。那里的教育者善于运用拍照以及录像等手段，捕捉幼儿思考和学习的过程。同时，幼儿自己也会通过画画、图片等记录自己的学习经历。记录的内容不仅包括视觉图像，也包括幼儿在学习过程中运用的语言等。根据不同的学习情境，教师会采取不同的记录方式。在活动记录档案里，可以看到照片、视频、文字、图画、录音和图表等，当然还有孩子的作品。

与其他的幼儿教育实践相比，瑞吉欧的记录更加聚焦幼儿的经验、记忆、思想和学习探究过程中的想法等。教师会非常注意并仔细地记录幼儿平时的表现，如不同阶段的作品，表现学习不断取得进步的图片，教师或其他成人优美的评价，幼儿自己对活动的讨论、思考、解释的文字，还有家长的感受等。通过对这些方面的观察与记录，来揭示幼儿成长的过程。

对瑞吉欧教育而言，记录起着重要的作用。第一，它可以促进幼儿的学习，拓宽方案活动的广度。幼儿思考所得出的理念、想法和感觉，被记录下来后，有利于保存和激发他们重要经验的记忆，促使他们主动去探究与主题相关的学习。第二，展出幼儿和教师的记录，可以促使幼儿更加认真负责地对待自己的学习，体会到一种满足感和幸福感，也有利于家长了解幼儿的学习状况，吸引他们成为幼儿教育的同盟军。第三，记录也便于大家理解教师工作的情况，了解活动的进程和开展进一步的研究等。

当然，瑞吉欧教育强调档案记录的目的"是解释而不只是描述"[1]，所以它要求教师应对记录进行不同视角的解读，即就记录开展对话、交流、阐释甚至辩论。由此可见，档案记录也包含了教师合作交流过程的内容。实际上，档案记录成了一种活动文化，是教师和幼儿教与学过程中不可或缺的重要组成部分。共同观察与记录、分享与交流、提出假设与制定计划，已经成为瑞吉欧教师的工作日常。

在很多人看来，瑞吉欧的活动档案记录是一种协商性的民主化教育实践。其中，民主化主要体现在它具备倾听式观察、纪实性记录与多元化解读等民主化的元素。在这里，教师主要是一位倾听者，他要匀出时间、慢下脚步，耐心地投入与所要观察幼儿的全部互动之中。而倾听意味着教师还要保持开放、接纳与敏感的态度，对儿童的表现给予充分尊重；倾听还意味着教师要暂时抛弃个人判断，克服偏见和其他消极情绪。

纪实性记录是指教师客观真实地描述自己所观察到的幼儿的行为表现，不做任何判断或猜想。它的目的是为接下来的交流和解读提供更加开放、丰富的空间，没有先入为主的判断，欢迎不同视角的解读，教师不再把自己视为一个高高在上的评判者，而是把这种权力让渡给所有关心幼儿教育的人。

只有在纪实性记录的基础上，多元化解读才有可能成为现实。它是指对儿童行为的解读没有一个固定的标准，每位教师的解读都是个体的，不代表着总体上的认识。在更大程度上，教师的解读只是一种可能的假设，供参与解读的各方来讨论和检验。正如马拉古齐所言，"我们意识到记录其实是一种解释，我们看到的只是我们原来准备去看的东西，只有通过与

---

[1] 爱德华兹，等.儿童的一百种语言（第3版）[M].尹勤坚，等译.南京：南京师范大学出版社，2014：260.

别人进行对话才能克服这种无法避免的过多的主观性"[1]。

此外，活动档案记录使活动工作变得直观与可视化，记录还成为儿童、教师、家长甚至公众进行对话、阐释与辩论的原始素材，让幼儿园内外的所有人都能了解教育、了解儿童，使教育实践成为公众话语和公民意识的一部分，从而参与了民主社会的建设。

二、观察记录的方法

观察者和记录者是幼儿教师必须承担的一个重要角色，他们可以通过对幼儿的观察来选择和调整自己的教育行为。2012年教育部颁布《幼儿园教师专业标准（试行）》明确指出，教师应"掌握观察、谈话、记录等了解幼儿的基本方法和教育心理学的基本原理和方法"。另外，《纲要》强调，"幼儿的行为表现和发展变化具有重要的评价意义，教师应视之为重要的评价信息和改进工作的依据"。

由此可见，观察和记录是学前教育评价体系的重要手段之一。而且它不仅仅记录结果，更记录过程。随着幼儿活动的不断变化，教师的记录评价也在不断地发生变化。通过记录，大家可以清楚地看到幼儿成长的全过程。这样一种评价模式与我国对幼儿大多开展的终结性评价形成了鲜明的对比。

实践中，观察记录的形式和内容各有不同，研究者对此也作了不同的分类与界定。像沃伦·R. 本特森（Warren R. Bentzen）就将教师观察记录分为叙述性描述、事件抽样、轶事记录等八种方法。[2] 其中，叙述性描述又称样本记录，是指尽可能详细且连续不断地记录幼儿独自活动或与其他人、

---

[1] 卡德威尔. 把学习带进生活：瑞吉欧学前教育方法 [M]. 刘鲲, 刘一汀, 译. 上海：华东师范大学出版社，2006：229.

[2] 本特森. 观察儿童——儿童行为观察记录指南（第2版）[M]. 于开莲, 王银玲, 译. 北京：人民教育出版社，2016：152-159.

其他物互动时说了什么与做了什么等（见表5-1）。

表5-1 对目标行为（OBD）的叙述性描述及解释

开始时间 上午 9:20，结束时间 上午 9:22
彤彤比其他孩子晚到 20 分钟。她到的时候，其他孩子都到了并已经开始各自的活动，她把衣服放到自己的小柜子里，然后站在教室门口四处张望。她站了大约半分钟，只是眼睛转来转去地看其他孩子和他们的活动。
解释：彤彤看起来很羞涩，似乎有点退缩。从到活动室起，她就不太情愿做事情，这可能是因为她一开始就不愿意来。她妈妈前几天提到过彤彤不太愿意来活动室，没有什么特别的原因。

这种观察法可以与其他方法结合起来使用，如在检查表中添加叙述性描述，就能帮助人们理解幼儿的行为。它还能够完整地描述行为，且包含了行为发生的情境，资料也相对完整、具体，便于以后开展进一步研究。它的缺点是效率较低，对教师的观察能力则有较高的要求。

比较常用的还有轶事记录法，它要求教师将感兴趣且认为典型的幼儿行为记录下来，包括事件发生的顺序、活动场景和在场的其他人等，都应给予客观、准确、完整的记录。与叙述性描述不同，轶事记录法以单一事件的简短描述为主，记录行为发生的背景、事件过程、幼儿的行为，以及他的语言、音调、面部表情等情绪变化，还有与之相联系的其他在场幼儿的活动等。

教师一定不要带有强烈的主观思想去记录，而要对幼儿行为进行客观的描述，不做评价和解释，这样有利于保证记录内容的真实性。像"幼儿童童影响其他小朋友做游戏，体育教师马上批评了她，可是，没到两分钟，她又犯了老毛病。教师把童童请到中间来，让她表演，她才安静下来做体操"。这样的记录就属于教师喧宾夺主，没有客观地记录幼儿的行为表现。

受年龄偏小因素的影响，幼儿不能很好地用语言来进行表达，轶事记录法就有助于教师掌握幼儿的所思所想。当然，单个事件有时很难帮助教师准确地了解幼儿，典型性事件可能是偶发的，缺乏说服力和代表性。观察记录一两天就立马做出分析结论，这样的结论是没有价值和代表性的。只有在不同背景下，多次观察某个幼儿，多方收集资料，才能有效了解幼儿及其行为的意义。

在长期记录中，教师首先需要制订相应的计划，要明确每一天观察记录的对象；其次要制订观察计划，一个对象具体观察几天，观察的主要内容是什么；最后教师还需要选取观察的角度，有利于教师更加细致地观察。教师需要用足够的时间去观察记录每一个幼儿的行为，只有在教师认为真正能够通过观察记录对幼儿做出有影响的引导后，才能结束观察记录。

三、观察记录的步骤

在蒙台梭利看来，儿童存在着与生俱来的"内在生命"或称之为"内在潜力"，而教育的任务就是激发和促进儿童"内在潜力"的发现，并按其自身规律获得自然和自由的发展。[①]因此，教师应尽量仔细、全面地观察、记录和研究儿童，从而发现"童年的秘密"，采取相应的活动措施。

仓前云帆幼儿园会问每位教师一些问题，诸如：观察记录的目标如何确定？如何把握幼儿的典型性行为？观察分析幼儿行为后，如何思考并采取措施？其实，这也是观察记录的步骤，能清晰地回答好这些问题，也就意味着教师对观察记录的操作已经了然于胸，整个评价过程会进行得十分流畅。

第一，确定观察目标。观察目标是观察的出发点。观察前，教师必须明确想要了解幼儿的哪些行为表现，对活动和幼儿教育有什么价值。教师可依据《指南》中的幼儿发展水平，并围绕该年龄阶段幼儿的行为表现来

---

① 蒙台梭利. 蒙台梭利幼儿教育科学方法[M]. 任代文，译. 北京：人民教育出版社，2001：序言 12.

确定观察目标,选取合适的观察角度,获取有价值的信息,了解幼儿的真实表现。

以《劳拉的日记》为例,瑞吉欧学校的老师就以幼儿劳拉为观察目标,记录了她的日常生活,如劳拉与同伴在"争夺玩具"中发生的冲突,劳拉第一次玩模仿游戏以及探究抽屉的行为表现等。教师通过简单开放的语言,如实地记录下来,可以帮助大家了解幼儿劳拉的发展状况。

在观察记录之前,教师心里一定要有目标,即重点关注哪些幼儿以及哪些幼儿的行为是需要关注的。有学者提出,观察记录不在于写以及写很多,"可以将触发自己思考、感到疑惑、有新发现的那个事件真实地记录下来,同时又虚心地意识到自己对儿童表现的假设需要在与他人的交流中得到检验、修正或丰富"[①]。

第二,选取观察角度。教师可关注的内容包括幼儿的语言发展、兴趣方向、困难疑惑、矛盾纠纷等,特别要留意他们与同伴之间的交往活动、合作行为。这些都是可以选取的观察和记录角度,有时还应注意结合幼儿的个体情况再进行斟酌。

最重要的是要有"儿童的视角",也就是教师要"了解"并"理解"儿童,不仅要有心理学家的眼光,还要有一种对儿童的移情式理解,以达到与他们共享意义世界的目的。站在这样的角度上去观察和记录儿童,意味着教师得变回孩子,理解他们的愿望、爱好、行动、感受与体验,理解眼下的一切对于他们当下生活的意义。

按照"马赛克"的研究方法,教师与儿童的互动要建立在儿童长处而非短处的基础上。如根据同一个主题与儿童进行谈话,分析儿童的作品,让儿童用相机拍下他们认为重要的情景来组织他们讨论,把这些与教师对

---

① 郭良菁.日记与纪实,关系与成长[J].东方宝宝(保育与教育),2016(9):4-6.

儿童相关行为的观察结合起来，以便能够充分运用各种手段来理解儿童。

第三，做好分析评估。通过一段时间的观察记录，教师要对观察记录的内容进行分析。分析也是有具体要求的，教师应注意针对当前的记录进行具体分析，不要预判幼儿的行为特征。还要提出细致可行的教育措施，要有针对性，避免空泛。避免出现如"增强幼儿自信心，培养幼儿对美术活动的兴趣""以后要加强观察和教育"等大而空的表述。

当然，教师可以结合行为核查方式对幼儿进行量化分析，还可以将观察记录与作品分析法、谈话法相结合，建立幼儿成长档案，对幼儿发展做出比较全面而科学的评价。总之，评估是在真实的情境下、在活动的过程中开展的，是动态的、形成性的而不是诊断性的。它不是要对孩子进行比较，或者给孩子贴标签，不是着眼于儿童的缺陷和不足，关注的是幼儿能够独立完成的事情以及在外界帮助下、在不同情景下能够达到的水平。

因此，这样的观察与记录提供了远远超出传统测试范围的信息，变总结性评价为形成性评价，不仅有利于更深入和广泛地理解儿童，而且通过进一步的反思提升了教师的专业能力。

第四节 育人创新：超越想象

人的精神和思维活动是人类文化世界形成与发展的基础，正是文化世界的形成才使人类获得了本质的实现，从自然界的客体性存在转变为主体性存在。课程是一种典型的文化性实践活动，学生在课堂活动中不仅可以获得知识与技能，而且能从学习中体会到意义感与价值感，在个体与外部世界之间建立一种文化的联系。

所以，课程知识的选择与组织从来就不是一个单纯的技术性问题，更是文化和意识形态问题。借助这种社会文化的个性化与个别化过程，课程帮助学生实现从"公共知识"向"个人知识"的转向，使其沉淀为学生的文化理解和文化素养。换言之，也就是实现了从"教书"到"育人"的转向。

想象力课程的最终目的也是育人，重在培养幼儿的高阶思维。作为"发生在较高层次上的心智活动或认知能力"[1]，高阶思维可以对浅层次学习中记忆和理解进行深度加工，从而培养幼儿的想象力、创新力、批判力以及元认知能力等，有效锻炼他们在复杂情境中的问题解决能力。概言之，幼儿在这种创新的育人模式里，通过不断反思与生成，在成长中寻找到自我的意义。

---

[1] 钟志贤. 促进学习者高阶思维发展的教学设计假设 [J]. 电化教育研究，2004（12）：21.

一、瑞吉欧的育人观

对于学前教育从业者来说，有什么样的儿童观，就有什么样的育人观。纵观儿童观的历史演变，从原初的"小大人""原罪说"到后来的"儿童的发现""儿童的世纪"，可以说，人们力图从儿童的权利、儿童的存在价值出发，将儿童逐渐还原为"儿童"。在所有对儿童的认识中，他们要么视儿童为"无能"，要么视儿童为"万能"。

不管我们是像卢梭一样赞美儿童，还是像鲁迅一样呼吁"救救孩子"，其实我们都是以成人的视角去分析儿童，并试图为儿童代言。所以，马拉古齐直言，"这两种认识都未能真正认识童年文化的价值"[1]。因为它们始终未能将儿童作为存在于文化中、能共同创造文化的独立个体或独立"公民"来对待。

瑞吉欧将早期教育机构视为文明社会的论坛，并赋予了"儿童是公民"这一理念真实的意义。当"文明社会"被当作学前教育在功能上的第三种选择时，幼儿园就超越了以往提供学前教育服务的工具性定位，它和家长之间也超越了生产者和消费者、提供者与购买者、给予与获取、生产与消费的关系。

实际上，"文明社会的论坛"是汉娜·阿伦特（Hannah Arendt）以及尤尔根·哈贝马斯（Jürgen Habermas）等西方思想家主张的"公共领域"理论在学前教育上的实践。这是一个民主、公平参与公共事务的平台，具有最广泛的公开性，从根本上打破了由国家和经济组织所制定的"质量标准"，消除了"话语霸权"，从而对儿童、教师、家庭和社区的价值及其关系有了全新的认识。

---

[1] 爱德华兹，等. 儿童的一百种语言 [M]. 罗雅芬，等译. 南京：南京师范大学出版社，2006：3.

事实上，在瑞吉欧的教育者眼里，儿童不再是一个需要依赖他人的、无能的人，也不是一个待发展的人，而是一个拥有充分的生存和发展权利的个体，是社会的一分子，是社会与文化的参与者，是共同历史的创造者与演出者。他们同成人一样需要他人的尊重和理解，同时，又是发展中的人，有权利发表自己的看法，做出自己的贡献。

当把学前教育机构的功能定义为文明社会的论坛时，那就意味着不仅儿童是主角，家长、社区和教师也是主角。他们之间的关系是平等的，儿童、教师、家庭和社区之间没有权威、没有主次之分。这种关系不仅使所有相关人员体验到一种认同感、归属感，而且能激发大家广泛参与、研究、贡献的积极性。

一个积极的、包含着丰富内容的系统必然蕴涵着一种真实的自动教育机制。因为丰富的社会交往可以确保冲突、沟通与抉择都得到圆满的解决，更为学习提供了不竭的动力和丰富的资源。对幼儿来说，从同伴和成人那里获得的认可，会增加他们的幸福感，从而使他们更加自信地参与幼儿园的活动。

在瑞吉欧的育人观里，他们不讲以谁为中心，而是强调把关系作为教育系统一切的中心，这种关系的概念涵盖了对话、协商、遭遇、面对、冲突等。如在教师与儿童的关系中，幼儿的角色是见习者，而不是接受指导的对象。同样，教师、家长和社区之间的关系也是如此，他们通过对话来共同建构儿童是什么、儿童可以怎么样等问题。由此，瑞吉欧教育从过去的个体中心走向了团体中心，从实体中心走向了关系中心。

延伸开来，儿童不但是主动的学习者，还是自己成长的主人。他们通过与社会和物质世界进行"交往"，从而积极地建构自己的学习经验。他们不仅有学习的需要，而且有学习的能力。只要成人视儿童为创造者、发明者和发现者，与他们共享探究过程与探究结果之乐趣，他们就会对教师所安排的情境表现出极大的兴趣,投入极大的能量,并满怀发现的期待和喜悦。

有学者直言,"从新的自由和政治观点的角度,我们可以说瑞吉欧通过提供学前教育的新画面而成为一种新的社会运动"[①]。平等、合作、协商、共同建构是这种新社会运动所创造出来的文化,也是许多人眼里指导幼儿园育人工作的理想形态。

二、高阶思维的培养

想象力课程的最终目的是育人,重在培养幼儿的思维品质,从而帮助幼儿形成可持续发展的能力。思维品质是大脑在完成思维活动中所必须具备的条件,它具有稳定性和倾向性等特点,是主体表现在思维能力上的特点。一个人在思维能力上表现出什么样的特点,我们可以说他具有什么样的思维品质。

思维品质是高阶思维的最高表现。高阶思维是与低阶思维相对的,前者代表更高层次、更高阶梯的思维,而后者是指浅层、低阶梯的思维。不管是高阶思维还是低阶思维,对幼儿来说都是必需的。他们会运用低阶思维来处理信息,同时运用高阶思维去解决比较复杂的问题,如建立新旧知识之间的联系,在复杂的情境中通过同化或顺应这些知识来找到解决问题的答案等。

高阶思维与低阶思维的差别主要体现在三个方面:一是对象上,低阶思维专注记忆和理解知识,而高阶思维聚焦的是知识背后更深层次的知识,即知识的思想、价值和方法;二是过程上,低阶思维主要围绕知识开展学习,而高阶思维指向的是问题的解决;三是结果上,低阶思维仅要求会运用,而高阶思维则强调深度理解和实践创新。

---

① 达尔伯格,等.超越早期教育保育质量——后现代视角[M].朱家雄,等译.上海:华东师范大学出版社,2006:79.

从两者的对比，我们不难看出，高阶思维与低阶思维不是二元对立的，高阶思维是从低阶思维发展起来的。从低阶思维至高阶思维，是从形象（看图）到抽象（知意），从去情境化（表层含义）到情境化（背后思想），从去思维化（有重复）到思维化（新方法），从去整体化（片面地看待事物）到整体化（系统地看待事物）的过程。

这是思维发展的必由之路。因此有学者认为，高阶思维是发生在较高认知水平层次上的心智活动或认识能力，是超越既定信息的能力、问题求解的能力、元认知能力和评价能力，是批判性的态度，是作为自主学习者的能力，也是对事物或现象作出合理判断的能力，是一种以高层次认知水平为主的综合性能力。[①]

1956年，美国教育家布卢姆（B. S. Bloom）发表了"认知领域教育目标分类"，他将认知领域的活动目标分为六个层次，即记忆、理解、应用、分析、综合、评价。其中记忆、理解与应用是低阶思维，主要用于学习事实性知识或完成简单任务；而分析、综合与评价则属于高阶思维，是发生在较高认知水平层次上的心智活动或认知能力。

首先，高阶思维主要指创新能力、问题求解能力、决策能力和批判性思维能力。它有深刻性的要求，表现在幼儿能深入地、逻辑清晰地思考问题，善于把握事物的本质和规律，不被表面现象所迷惑。因此，在课程设计与活动上要不断激发幼儿进行更深入的思考，使他们学到的知识更有质量、更有深度。

其次，高阶思维还有综合性的特点，表现在幼儿能将事物放入整体进行思考，进行全方位、多层次、多方面的分析与综合，双向互动地找出事物相互依存与制约的内在联系，而不是孤立地观察事物，不是只看事物的

---

① 钟志贤. 信息化教学模式——理论建构与实践例说 [M]. 北京：教育科学出版社，2005：44—52.

表面。反映在活动上，它要求基于真实的情境，通过协商、对话、合作与探究解决问题，促进幼儿自我的反思与成长。

最后，高阶思维活动总是能随客观情况的变化而变化，更实效地解决问题，即指向思考过程和思考结果的灵活性。有这种思维品质的幼儿善于自我调节，能从旧的模式或通常的制约条件中摆脱出来。它要求活动上不仅应强调学得深，更应注重学得活、用得活，培养幼儿具有发散性、创新性和灵活性的思维，用富有创造性的方式去解决真实鲜活的问题，进而提高他们的理解能力、实践能力和创新能力。

基于这些认识，我们有必要打破以"传递—接受"为主要特征的传统型活动模式，构建立足幼儿想象，又超越幼儿想象，以问题解决为导向的"深度学"模式，引导幼儿从被动学习转向主动学习，从停留于"认知与理解"的表面层次逐步走向能很好地将所学内容迁移运用到实际问题的解决中来，实现"教"与"学"的统一。

三、构建"深度学"模式

深度学习是一种基于问题解决的学习。如果不能创造性地解决问题或基于问题创造出新颖独特的产品，这样的学习就算不上深度学习。美国心理学家帕金斯（David Perkins）认为提高学生高层次认知技能，需要学生有解决问题的任务，需要向学生提供如何解决问题的指导。[1] 由此可见，问题的提出与解决是深度学习的关键。

深度学习所涉及的问题，指的不是小问题，而是在一个大的问题中包含着诸多小的问题。换言之，在活动过程中，幼儿首先接受的不是现有的知识，而是问题，是非良构性（ill- structured）问题，也就是条件不充分的

---

[1] 夏惠贤. 多元智力理论与项目学习 [J]. 全球教育展望，2002（9）：22.

问题。它需要学生去分析问题和搜集资料，开展自主学习和小组讨论，持续地尝试解决问题。

因此，这一系列的问题提出与解决往往需要一个较长的时间，它是一个持续的过程，是一个发展的过程，是一个认识不断深化的过程。由此可见，深度学习不仅弥补了日常学习的碎片化缺陷，还有助于对碎片化知识经验的整合，并可以灵活迁移与应用已有的知识经验，使学习更有质量、也更有深度。

像仓前云帆幼儿园开发的"羊课程"，就从两只山羊进幼儿园后引发的关注入手，从幼儿角度不断提出问题，从羊的外形特征到生活习性，再到"我与山羊"之间的故事等，鼓励幼儿与同伴一起合作探究、协商讨论，激活已有的经验，结合创造想象、批判反思、假设验证，同时迁移运用所学知识，最终把好的想法"做出来"，呈现在所有人面前。

还有幼儿园自然角里的鲜花蔫了，幼儿在给花浇水时发现已有的浇花喷壶并不好用，于是就引发了"自制浇花器"的课题活动。从材料选择到功能设想，从外形设计到内部构造，问题层出不穷，创意火花也不断，由问题提出推动深度学习，由深度学习推动问题解决。在这样一个真实问题解决的过程中，迭代升级了学习模式与育人模式。

所以，构建深度学习模式，在问题的提出与解决上，需要注意以下几点。

第一，问题要贴近幼儿真实生活。教育要立足于生活，从真实生活中的问题出发。真实的问题源于真实的生活，贴近生活的情境易触发幼儿的好奇心和内在兴趣，激发幼儿持续学习的动机，促进幼儿积极主动地学习。有学者认为，"深度学习要求学习者对学习情境的深入理解，对关键要素的判断和把握，在相似情境能够做到'举一反三'，也能在新情境中分析判断差异并将原则思路迁移运用"[1]。

第二，问题要有一定的挑战性。心理学有一个著名的"摘苹果理论"，意指一个渴望成功的人应该永远努力去采摘那些需要跳起来才能够得到的"苹果"。有挑战性的问题不是超越幼儿能力太多的艰深问题，而是建立在幼儿最近发展区内的问题。它可以促进幼儿相互合作，促使其运用应用、分析、综合、评价等手段来解决问题。这样既有助于幼儿高阶思维的发展，又能提高其人际交往和问题解决能力。

第三，问题要引导幼儿深入思考。教师需要根据具体活动内容、幼儿的已有经验和兴趣设计提问，问题要少而精，要注意多样化及层次性，尽量将封闭式提问改为开放式提问，"从而提高问题的有效性"。如语言活动中，可以把"大狮子是不是一个好爸爸？"换作"大狮子是一个怎样的爸爸？"，促发幼儿进行深层次思考。

第四，问题要有及时、持续与具体的反馈。教师应关注幼儿的学习进展，根据幼儿的学习状态给予及时反馈；在幼儿学习的关键点，积极引导，给予持续反馈；针对幼儿的不同认知发展特点和具体学习状态进行具体反馈，包括幼儿学习过程、学习方法和学习结果等。如语言活动"菲菲生气了"，幼儿们想了很多种补救办法。教师可以尝试倾听幼儿想法背后的思考过程，而不局限于结果的获知，再尝试进一步引导幼儿思考什么是健康的情绪调节方法等。

---

[1] 安富海. 促进深度学习的课堂教学策略研究 [J]. 课程·教材·教法，2014，34（11）：57-62.

后 记

《儿童的九十九种想象：幼儿园课程理论与实践》是我的第三本书。

从《追梦与蝶变》开始，我就像上紧了发条，如陀螺一样，经常不停地上课、观摩、讨论与求教，然后写下自己的所思所感。因此，有了不少的积累，就像小时候把压岁钱放入存钱罐一样，我总是期待它开罐"变现"的那一刻。但这本书写得特别艰难，因为它所要求的知识广度与思考深度，可以说是前所未有的。我真正体会到了什么叫"书到用时方恨少"，什么叫"厚积薄发"，那种蓄势待产的感觉真是五味杂陈。

写到一半时，我几乎有点想放弃了，因为我认识的那个瑞吉欧似乎支撑不起10多万字的架构，我熟知的那个马拉古齐也显得过于浅薄了。这时候，我总会想起1945年的那个春天——马拉古齐和维拉舍拉的村民用八个月的时间，自发地建成了第一所瑞吉欧幼儿学校。为筹措资金，他们变卖了坦克、卡车和战马，有的人还捐出了土地……那个被梦想照耀的年代和场景总让人热血沸腾、催人奋进。

是的，放飞儿童想象、助力儿童成长，就是我"邂逅"马拉古齐后对幼儿教育不变的梦想。如果说，"九十九种想象"被列入省规课题是一个蛮不错的起跑，那么两年后它被评为省幼儿园精品课程无疑是一个里程碑，而到今天，从实验课题转化成文字出版则是一个新的起点。它意味着我们求新求变的努力已经结出了丰硕的果实，意味着这样一场园本教育改革已经从实践升华到理论层面。

好像每写完一本书，就像结束了一场冲锋、一场战斗。备战时的忐忑、鏖战时的踌躇、胜利时的释放，不管是喜悦，还是苦闷，都会让人一点一滴地长大。我始终认为，把那些碎片化的知识条分缕析地编入一章一节、一段一句，这个辨识、梳理以及规整的过程，对所有幼教工作者来说都是非常有裨益的。当墨香四溢的书籍被捧在手心里时，你会有种打通任督二脉的畅快感，过往那些模棱两可的、似是而非的东西一下子都豁然开朗了。

回想这些年来，在"九十九种想象"课题的指引下，我们开发了那么丰富的课程，创设了那么友好的环境，用各种方式鼓励儿童去看一看、玩一玩、想一想、说一说、做一做、画一画、演一演，让他们在自己的天空里尽情地挥洒，这是何等不可思议！所以，我要向所有支持幼儿园工作的师生及其家属说声"谢谢"。这本书里有你们无私的付出，当然也是为你们所写。

成书的前前后后，浙江大学刘力教授、浙江师范大学杭州幼儿师范原副院长王春燕教授、浙江省教科院朱永祥院长、浙江省教科院原副院长王健敏教授、浙江省教研室教研员虞莉莉老师、浙江教育报刊总社王东主编、杭州师范大学继续教育学院原院长项红专教授、杭州市教育科学研究院俞晓东院长、杭州市教研室原主任曹宝龙教授、杭州市教育科学研究院沈美华副院长、杭州市教育科学研究院金卫国副院长、杭州市基础教育研究室教研员汪劲秋老师、杭州师范大学学前教育系原主任朱晓斌教授、拱墅区学前教育指导中心常务副主任俞春晓老师、余杭区教育局学前教育科姚向凡科长等一直在默默地鼓励与支持着我。最要感谢的是杭州师范大学经亨颐教育学院学前课程研究中心黄小莲教授，她参与了从立项到出书的整个过程。他们闪亮的笑容、温暖的话语总是出现在我最失意、最低谷的时候，也像激越的鼓点一样，不断地激励我向前。我知道，书的出版不是一个终点，我没有资格就此躺平在功劳簿上，而应该迅速地投入一场更恢宏的战斗。

囿于学养与认知等方面的不足，本书的撰写肯定有很多不到位甚至差错的地方，敬请大家批判指正！

夏 琴

2024 年 3 月 6 日